松浦党研究 No. 41

松浦党研究連合会 編

発売：芸文堂

序に変えて

編集委員会委員長　松　尾　　清（松浦党研究連合会会長）

本会の研究誌『松浦党研究』第四一号を刊行することが出来ました。想い出すのは十数年前、本会に係わった頃、あと十年もすれば研究材料〈ネタ〉が尽きて、研究誌廃刊どころか、本会そのものも解散するのではないかと仰しゃる方もありました。本会は乏しい資金繰りながらも、多くの会員の皆さんの熱意と支援によって、昭和五三年十一月創立発会以来、今年は四十周年を迎えることになります。

今年号は、毎回寄稿して頂く平川定美先生によって「『王直』考――特に『王直』の来日年代をめぐって――」は広範で鋭い考察を加えて頂きました。平戸や五島、否、松浦党領域と東華、東南アジアとの交易と文物交流と言えば、王直と鄭成功(一六二四～一六六二)が周知の人物でしょう。これまで王直について網羅的比較抗論されたものは少なかったように思います。倭寇は略奪集団のように言い継がれていますが、十六世紀の倭寇は、南倭と北虜の内憂外患と称されているように、中華人の密貿易商も暗躍していたのです。

本文中に「石火矢(大砲)ハラカン砲」と出てきますが、語源はVulcan（ローマ神話で火、鍛冶の神）で、今日でもバルカン砲(対空・対地攻撃用の戦闘機装備)などとして言い継がれています(同疑似音のBalkanはトルコ語起源の「山」の意、バルカン半島など)。

余談のついでに、今年は明治維新百五十年記念の年です。佐賀藩士で明治の元勲・大隈重信の厳父信保は、秩禄三百石の「石火矢頭人」(砲術長)であったという。

次の松本博之先生の「『元寇　実戦の論考』戦いの実相に迫る(二)」は前号からの続きで、第二の侵攻「弘安の役」(弘安四年、一二八一年)を戦備編と実戦編に分けて、元史本記や元史列傳、さらに従軍同行したのか高麗史などによる侵攻側の東路軍や江南軍の員数や諸艦艇、装備類の規模、軍勢などを推定しています。迎え討つ吾国側は鎌倉年代記や勘仲記など資料は少ないようです。視覚的には蒙古襲来絵詞でしょう。

数値推定に関心の高い人は、前出の資料等によって推理し思いをはせるのもいいのではないでしょうか。

佐世保松浦党研究会の「平成佐世保『田舎廻』7　――佐世保村」は、このシリーズ愛読の方はご承知の平戸松浦藩文書『田舎廻』に記録された神社仏閣御堂などが、今日どのような姿で残されているか、またどのように変遷してきたかを実地に踏査して記録されたものです。

「里」という字は、森や荒野の開拓や海浜の干拓などで造られた(土)の上に(田)を作り人が住むようになった土地、村になったところとも言われています。従って、旧佐世保村も佐世保川流域や海岸段丘の渕にできた狭い土地を干拓拡張してできたのが始まりだろうと思います。私が住む伊万里もほとんどが遠浅の海岸だったそうで、今でも中心街は深さ一メートルほど掘れば地下水が出るところもあるようです。先の漢字の如くまさに「里」です。

佐世保富士ともいわれる烏帽子岳(五六八メートル)を水源とする佐世保川は、南下して佐世保湾に注いでいます。この寒村だった佐世保村に、明治十九年(一八八六年)海軍鎮守府を設置することが決まり、明治二二年(一八八九年)に開庁されると、瞬く間に周辺地域や遠近の地から移住し居を構え、驚異的な人口増加をしました。従って、佐世保の歴史を語る場合は鎮守府以前と以後とでは、区別する必要がありそうです。

旧来の住民はその歴史的伝統と文化や生活習慣を守ろうとするし、移住してきた住民は言葉・方言や風習が似通ったもの同士近隣に住んだり、グループ集団化するものです。精神的支えとなる宗教面でも、旧習の地の神社や寺院の分霊や本尊を持ち込んだに違いありません。畏怖し精神的バックボーンになっている先祖代々祀ったものを捨て去ることは困難だったでしょう。新旧同化したものもあるかもしれません。

このような考えで『田舎廻』を読み解いていくのも、佐世保市史の精神文化の変遷を知ることにつながるのではないでしょうか。

松浦党研究　第四十一号

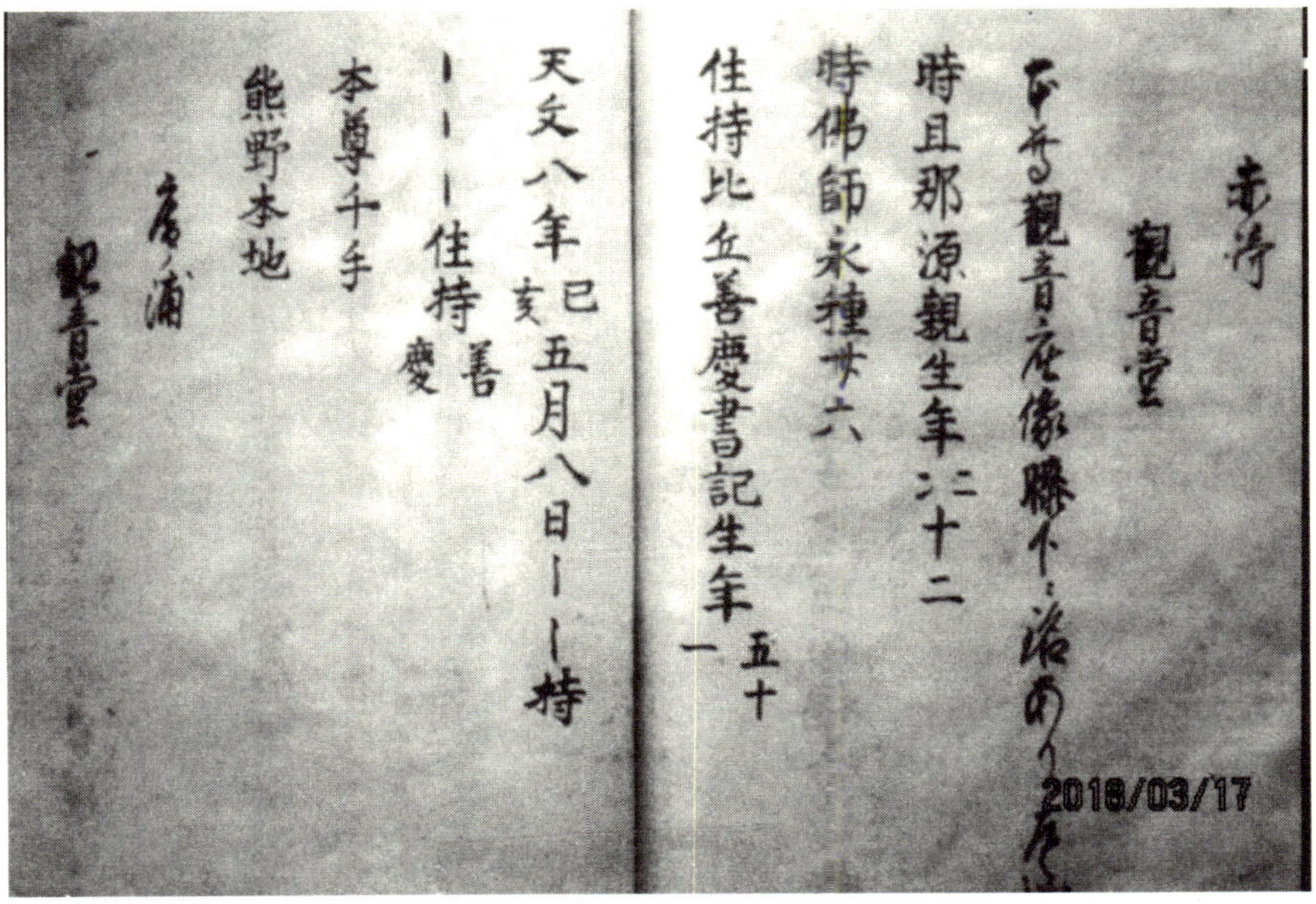

（『田舎廻』　平戸・松浦史料博物館　提供）

「王直」考

――特に「王直」の来日年代をめぐって――

佐世保市春日町　平川定美

はじめに

「王直」については、本誌でもすでに濱井三郎氏や山口康夫氏の論考がみられるが註(1)、私自身もこれに関わって、少し試みた経緯がある註(2)。

最近、変な言い方だが、「海賊史ブーム」が頭をもたげてきたようにみうけられる註(3)。その中で、これまた変な書籍名『海賊史観からみた世界史の再構築』と銘打った八百ページもの分厚さが、特に目を引いた註(4)。

「大航海時代」から現在にいたる世界史のここ五百年の問い直し、「海賊」への問い、この二大命題をもって、延延と綴られている。

何と、「海賊行為」を綜合的に再検討することを目的とした本書は、国際日本文化研究センター註(5)で行われた共同研究の報告書なのである。

この書より衝撃を受け、この稿を書く動機を倍加させた事は言う迄も無い。

しかし、何と言っても最大の理由は、表題に示す如く、「王直」に対する見直しと、来日年代をめぐる審議への直視である。

中央学界が、『鉄砲記』にみる「王直」の種子島来日年代、つまり「天文十二年(一五四三)説一辺倒で、それより二、三年早いとされる五島(福江)、天文九年(一五四〇)・平戸天文十年来日説を一顧《いっこ》だにしない態様を、いらだちを内包させ、思い続けてきた。

ここで、『鉄砲記』註(6)の種子島来日に匹敵する、五島・平戸来日を証する第一次史料がないとされる註(7)のを、あえて、『大曲記』を以て挑戦し、問い続けたい。「王直」に対する見直しも同様である。

註

(1) 濱井三郎「倭寇発生の背景と海賊王直」(『松浦党研究』第十八号)・山口康夫「五峯王直と南変貿易」(『松浦党研究』第二十一号)。

(2) 『鉄砲伝来異聞』――特に王直を中心とする倭寇の役割を鑑みて――

(3) 最近購読した手もとにある『海賊がつくった日本史』(山田順子)実業之日本社『海賊の世界史』(桃井治郎)中央公論社『海賊史の旅』(村谷正隆)海鳥社、だけでもってもうかがわれる。

(4) 後述しているように、稲賀繁美氏を編者として、何と三十六名の報告者を以て構成されている。その中に「大航海時代再考」と銘打って、「王直」も論じられている(思文閣出版)。

(5) 「国際日本文化研究センター」一九八七年(昭和六十二年)五月二十一日、京都市西京区御陵大枝山町二丁目に、日本文化の学際的、国際的な研究を行うことを目的として設置された文部科学省所轄の大学共同利用機関。略称「日文研」初代所長梅原猛(『国史大辞典』)

(6) 『鉄砲記』薩摩の大竜寺の僧文之玄昌《ぶんしげんしょう》(南浦文之《なんぽぶんし》)が慶長十一年(一六〇六)

種子島久時の依頼をうけて、一五四三年(天文十二年)鉄砲が伝えられた諸事を記したもの。この項後述。

(7) それを示す例として、平戸が種子島とならんで、日本における鉄砲の創製地であると主張しているのであるが、これを証明する第一次史料は、内外ともに残っていないようである。『鉄砲』(洞富雄)P147(思文閣出版)一九九一・七・一〇発行。この項関連後述。

一、「王直」寸描

ここで、ごく限定的に、「王直」の横顔をのぞいてみたい。

「王直」は安徽省《あんきしよう》歙県《きゆうけん》註(8)の人で、若い頃に落ちぶれたが、任侠《にんきよう》の気概があり、壮健で知略に富み、よく施しをした。その為、人から信服された。一時期、チンピラの葉宗満《ようそうまん》・徐惟学《じよいがく》・謝和《しやわ》・方廷助《ほうていじよ》、等と付き合い遊びまわった。

その際、彼等と次のような事をしようなどと話し合った。「中国は取り締まりが厳しく、うかうかしていると禁令に触れる。いっそのこと海外にでてのびのびやってやろうじゃないか」と。そんなことを話し合ったので、母の「汪嫗《おうおうな》」に、「俺を生んだときに何か変わった兆しはなかったかい」と尋ねると、汪嫗は、「お前を生んだ夕刻に、夢で大きな星が懐に飛びこんでね。高い冠をかぶったものが傍にいて、その星は(孤矢星《こやぼし》)(シリウス)だと満足そうにいうのだよ。目がさめてみると大雪になっていてね、草木はみな凍っていたよ」王直はひとり心中で喜び、「天星が懐《ふところ》にはいるのは、非凡な胎児で、草木が凍っていたというのは、軍事の象徴だ」とつぶやいた。

嘉靖十九年(天文九年・一五四〇)海禁のゆるみに乗じて、葉宗満らと広東にゆき、大船を造って、硝石・硫黄・生糸・綿などの禁製品の密貿易を行い、さらに日本・暹羅《しやむ》・東南アジアの国々に往き来し、数年にして巨万の富を得た。人々は彼を「五峯船主」と呼んだ註(9)。

天文十四年(一五四五)に日本へ行き、はじめて博多の倭人助才門《すけさいもん》(助左衛門)ら三人を誘引《ゆういん》して、雙嶼《そうしよ》で貿易させ、明年の天文十五年にまた日本へ行った。これが直接倭患(嘉靖大倭寇《かせいだいわこう》)の始まりである註(10)。

平戸の王直は、部下二〇〇〇人を擁《よう》し、豪奢な屋敷に住んで、つねに緞《どん》子《す》をまとっており、港には三〇〇余人を乗せる巨船をうかべ、三十六島の還民を指揮して、王者さながらの生活をおくり、徽王《きおう》ともよばれたという註(11)。(以下略)。

この項、関連後述。

天文十二年(一五四三)八月二十五日、薩南の種子島の西村の小浦に、どこからともなく、一艘の大船が流れついた。それは中国の戎克船《ジャンク》のようであるが、船中の雰囲気はまったく異様であった。当時、この村の主宰であった織部丞《おりべじよう》がその場にあらわれ、文字を解する事ができた為、村人からすごく信服されていた。彼はたまたま船客のなかにいた明国の儒生で五峯と名づける者に出会い、砂上に杖をもって筆談した。織部「船中の客はどこの国の人でどんな人たちか」。五峯は「西南蛮種の商人で怪しむ者ではない。唯礼儀は知らないようで、手づかみで食べる。文字も知らない。唯、手にもっているものを易《か》えるだけの商人だ」。この筆談の後、赤尾木の浦に往き、住乗院《じゆうじよういん》・忠首座《ちゆうしゆざ》という高僧に出会い、相ともに書に通じ、いわゆる、「同声相応じ、同気相求む」と、五峯も異邦に知己《ちき》をえた喜びで意気統合した註(12)。

寸評としながら、ちとながすぎた。紙数の都合上、原漢文体と読み下しを省き、種々の書をひもとき、私なりに試みた。

まず、王直の任侠《にんきょう》・壮健・知略・施し等の性格が、人々の信服され、一方、チンピラの仲間ともつき合い、海外への雄飛をほのめかし、倭寇王としての端緒《たんしょ》をのぞかせている。

母の汪嫗から聞かされた出生物語は、王直にますますの自信を深めたが、それはよくある英雄物語の類型で、海洋商人のリーダーとしての王直自身が流布し、利用していったのであろう。

嘉靖十九年（一五四〇・天文九年）広東にての大船造り、日本・暹羅・東南アジアとの密貿易での巨万の富を得たという話は、後述する来日年代とも関わって、探求する余地があり、興味をそそる。

天文十四年（一五四五）博多の助左衛門をさそっての雙嶼行きは、すでに来日してからの行動の一環と、とらえたい。

平戸での王直の行動は、自身の行動の根拠地としての平戸の重みと、王直の地位を如実に示すものとして、その来日とからめて、注視していきたい。

種子島での王直は、すでに号を「五峯」としている事、そして単なる倭寇王としての一面だけでなく、幅広い教養ある儒生《じゅしょう》としての王直の一端にも触れてみたい（次項「王直観」関連後述）。

そして、何よりも、王直の初来日を、天文十二年（一五四三）種子島来島をもってする「種子島一辺倒史観」を、後述する最大の課題、つまり、王直の来日年代とからませるようすがとしたい。

註（8）安徽省歙県、現在の安徽省黄山市

（9）原史料（漢文）『籌海図編《ちゅうかいずへん》』嘉靖四十二年（一五六三）、鄭若曽《ていじゃくそう》撰、の中の「擒獲《きんかく》王直」の項、太田弘毅氏資料提供（『松浦党研究』第三十一号）。この成立の詳細については、「籌海図編の成立」『中世海外交渉史の研究』（田中健夫）P215参照。なお諸書の中で、最も参照したのは、『シナ海域蜃気楼王国の興亡』（上田　信）講談社・二〇一三

（10）『日本一鑑』明代中国人鄭舜功《ていしゅんこう》の選による日本研究書。倭寇禁圧の目的で日本へ派遣され、大友宗麟のもとに滞在し、日本をつぶさに見聞して成立したもの。本稿は「窮河話海」の項、海市の条の一部分。太田弘毅氏の提供による。

（11）『籌海図編』及び『朝鮮王朝実録』（明宗実録）巻第二〇、明宗十一年四月己丑《きちゆう》　朔《ついたち》の条。「問曰‥‥（略）、有中原人称五峯者、汝見五峯乎、曰於平戸島見之、率三百余人、乗一大船、常着段衣、‥‥其類二千余人」の項。

（12）『鉄砲記』（後述）の一部。『日本の歴史』12　天下一統（林屋辰三郎）「鉄砲とキリシタン」の項参照。

二、「王直」観

この稿では、王直に対して、どのような観方、考え方があるか、従来からの見直しをもからめて、限定的ではあるが、のぞいてみたい。

○平戸の繁栄をもたらした当事者

「隆信は天文十二年（一五四三）、家督を継ぐと、中国の海賊として日本と明との貿易に活躍していた王直を保護し、平戸に居宅を構えさせた。そして、隆信は王直と結んで密貿易を行った。‥‥（略）。王直が平戸を根拠地として活動していた十数年、密貿易で得た富によって繁栄し、その富は武器の購入にも当てられた。そして、平戸松浦氏は優越した武力を使用して、諸豪族を征服し、領内を統一することができた。さらに平戸には貿易のため、京都、堺、博多などの商人も訪れ、貿易港平戸の基礎がつくられた。そのことが、後に天文十九年（一五五〇）六月、日本にはじめて来航したポルトガル船が、

平戸に入港することとなった理由と思われる。その意味で、王直の存在は、その後の平戸の歴史の展開の上で、きわめて大きな役割を果たしていたことになる。（傍線筆者）」

右の文は、『松浦党研究とその軌跡』（瀬野精一郎　青史出版・二〇一〇）におさめられた「平戸松浦氏千年の歴史」の項の一文である。

これほど明確に、平戸の繁栄をもたらした王直の役割、存在をうたったものとして、その筆頭たるものである。同様の趣旨は他にもみられるが註(13)、明確でないものが多く、全く否定しているものが未だに主位をしめている註(14)。

○教養人としての王直とその交友

王直の儒生としての一面を、種子島来島の項で先述したが、他の交友の面でも、それを垣間《かいま》みてとれる。

「田中親美氏所蔵の中峰明本の筆蹟に添う所の天龍寺策彦《さくげん》註(15)の副書によれば、その中峰の筆蹟は、かつて策彦が入明の際一見して所望の念に堪えず倭物と交易せんとして能《あた》わず、そのまま帰朝した。翌年五峯が携え来って之を大内義隆に献し、義隆は策彦が欲しがっていたものなる事を聞いて、之を策彦に贈った。策彦之を夕菴《せきあん》に贈ったというものである。策彦の再渡して帰朝したのは天文十九年（一五五〇）であるから、五峯が来たのは同二十年であろう。其の年に大内義隆は殺されたのである註(16)。夕菴は、けだし織田信長の右筆《ゆうひつ》武井夕菴註(17)であろう。以下（略）」

右文は、『海外交通史話』（辻　善之助）一九四二、刊の「元明交通と倭寇」の項の一文である。

これをみるに、王直は、天龍寺の教養ある外交僧の策彦や、戦国大名大内義隆、義隆亡き後は、大友義鎮《よししげ》（宗麟）そして後述するが、五島の宇久盛定・純定、平戸の松浦隆信等々の幅広い交友歴がみられる。

○王直の言い分と構想

衆知のように、王直は一五五九年（永禄二年・嘉靖三十八年）杭州で処刑された。

処刑される前に、彼の言い分と構想を述べた文として、通称「王直上疏《じょうそ》」として知られ残されている

それは、浙江省出身の「采九徳《さいきゅうとく》」が、杭州湾岸における倭寇の動静について記した『倭変事略』の附録に掲載されている。

「上疏」とは、君主に対する意見書だが、そのはじめに、

「帯罪犯人王直即五峯直隷徽州《きしゅう》府歙縣《きゅうけん》民奏為陳悃報国以靖辺疆以弭群兇疏註(18)」

と述べている。つまり、「徽州出身の汪五峯である私は、真心を以て国に報い、もって辺境に平安をもたらし、凶悪な集団をおさえることについて」という意味あいのタイトルを掲げている。

一五五四年、浙江巡按監察史に任命された王直と同じ徽州出身の「胡宗憲」は、倭寇対策の総指揮を執り、倭寇の被害を鎮める為には、何よりもその王者たる王直の要求を受け入れた上で投降させる事が何よりの方策だと立案し、配下の「蒋洲《しょうしゅう》註(19)」「陳可願《ちんかがん》」などを、王直の拠点たる五島・平戸に派遣した。

その経緯については註(20)、多岐にわたり、とても紙数がもたないし、次章、「王直の来日年代をめぐって」ともおおいにからまってくるので、ここでは割愛する。

さて、王直の言い分と構想だが、残念ながら『倭変事略』の原文を直接手もとに持ち合わせない。そこで、その意を介して要領よくまとめた参照すべき諸書を探したが、最適だったのは、先述した『シナ海域蜃気楼王国の興亡』（上田信）の「王直と海洋商人の王国」の項の『倭寇とされた男の弁明の中の「王直上疏《じょうそ》」を読む』であった。以下、これを参照として、私なりにまとめてみたい。

○王直の言い分

冒頭で述べた部分で、内容的に重なる面もあるが、

（一）私は利益を求めて海上で通商を行う海上商人で、浙江《せっこう》・福建などの中国沿岸の人々と利益を同じくし、国のために辺境を守ってきたもので、党賊（倭寇）と結託して侵し騒がすようなことは決してなく、むしろ倭寇の取り締まりで功績を上げてきた。しかし王朝の上層部に伝わらず、かえって家産を没収され、一家は無実の罪・冤罪に問われており、誠に残念至極である。

（二）毎年のような倭寇の中国辺境を侵す禍は、倭寇の捕虜となった住民が道案内をして、その禍を大きくしている。

（三）そのような禍をなくす為に、日本の諸侯との協力を得ようとして、胡宗憲は、蒋州を派遣して、その意を伝えさせた。私も天恩に報いる為に、すぐにでも帰国して尽力し、且つ、私の真意を洗いざらしに述べたい。

（四）日本に派遣された蒋州と私は、九州の諸領主に、倭寇と関係を絶つよう、五島・松浦・対馬・博多などの処に赴き、三、四割がた指令を実施させたので、日本からの船は激減した。しかし、薩摩はなかなかいうことを聞かないので、強力な予防策を講じようと思う。

（五）もし、皇帝の恩義によって、罪が許されるならば、浙江での沿海地域での海上の取り締まり、交易の管理、通交税の徴収、朝貢の時期の順守、日本の領主に対する倭寇取り締まりの徹底、等怠ることなく、もしできなければ、万死をもって償う覚悟である。

○王直の構想

（一）大内義隆の自害のあと、途絶していた勘合貿易を、自分自身の周旋によって、大友義鎮（宗麟）を日本側の窓口として一本化する。

（二）中国に対しては、同郷の胡宗憲の後盾を得て、日本との交易を公認させる。

（三）王直自身は、自らもつ武装船団の威力によって海上の治安を維持し、日明交易の利益を独占する。

（四）その交易から得られた利益で、海上の武装船団を養い、シナ海域に一個の海上の政権を構築する。

以上にみる王直の言い分と構想は、多岐にわたる彼自身の行動の背景から打ち出されたものだろうが、他のライバルたる徐海、徐惟学、等の倭寇勢力を駆逐し、海上商益の独占をはかる為の独断と、自己弁護の感もなくはない。

唯、先述したように、五島、平戸に根拠を張り、北部九州の諸大名との交友から、弱体した当時の幕府を見据えた王直の判断は評価させるべきであろう。

○王直騒動

嘉靖の大倭寇註(21)に象徴されるような王直の行動を骨抜きにして、彼の言い分と構想のみを語るのは片手落ちだが、それとて、日本の、特に九州北部の五島、平戸、を窓にした観であることは否めないであろう。

ここに、王直に対する日、中間のイメージ落差を表出する「王直騒動」

なる事件がおこった。以下、新聞記事註(22)をもとにして、要略したい。

「王直騒動」とは端的に言って、日本人が建てた王直の墓碑を、中国人が破壊したその行為に対する日中双方の批判、反批判の言動を総じて呼んだものである。

二〇〇五年(平成一七年)一月末、安徽省黄山市郊外にある王直の墓碑が、二人の中国人大学教師註(23)によって破壊註(24)された。理由は、「王直は中国を裏切った漢奸《かんかん》であり、その記念碑を日本人(五島市の有志)が築いたことは、中国人を侮辱したものである」というものであった。

中国側の当時の見解として、破壊行為そのものに対して、「いかなる理由があろうとも、貴重な文化財に対する破壊行為は、法によって処分されるべきで、文革時代の悪しき遺風ではないか」と日本側に同調し、「倭寇とは、海禁と反海禁、抑圧と反抑圧の闘争であり、明朝封建制度のもとで資本主義が発展する萌芽を摘み取ることに対する反抗であり、進歩的な意義を有するとみなす。」との意見や、王直に対しても、「海禁政策に反対した先鋒である。」と高く評価する見解がある。

しかし、特に最近、中国に高まっている「反日」民族感情の高まりのなかで、「王直は、中国人でありながら、日本と通じて、中国沿海を荒らしまわった漢奸である」との見方が強くなった。

したがって、王直の墓碑を建立した日本人の無神経さをなじり、破壊した教師を英雄視する意見も多く飛び交ったという。

むしろ、これが中国の伝統的見方であり、「反日」と相まって、いっそう倍加させ、高まりをみせたのではあるまいか。

一方、日本側としては、先ほどからるる述べてきたように、王直を儒生として、五峯先生と尊称し、日明貿易の仲介者として、絶大な信頼を得た存在者であったとみている。

これをみるに、王直に対する日・中間のイメージの落差の大なることに驚かざるをえない。

要するに、民族感情を根底にした、狭《きょう》あいなナショナリズムが昂揚すると、冷静な歴史的評価は薄れ、曇らせる危険さえでてくる。

駄弁だが、以前から論争の絶えない、日・中間の「南京大虐殺事件」や日、韓で喧噪《けんそう》たる昨今の「従軍慰安婦問題」にしても、先述したように、「反日」の民族感情に裏打された論争とあっては、いずれも歴史的事実であるとはいえ、妙な方向にむけられ、高められ、拡大されている現状をみるとき、客観的歴史認識はおろか、捏造《ねつぞう》とさえ指摘される面がでている事は、双方にとって大変ゆゆしき問題であり、不幸で、遺憾である註(25)。

註(13) 現在只今最も参照している『シナ海域・蜃気楼王国の興亡』

(14) 後述する「王直の来日年代をめぐって」ともからむが、中央学界も無視し、大方の年表にも記していない。

(15) 遣明僧の「周良策彦」別名「策元」

(16) 天文二十年(一五五一)家臣の陶隆房(晴賢)に襲われ、長門の大寧寺にて自害する。(大寧寺の変)

(17) 「武井夕範」(たけいせきあん) 安土桃山時代の武将、美濃の斎藤竜興の家臣から織田信長に転任。文筆に長じ、信長朱印状の添状を多く発給し、右筆の中心的立場にあった(『国史大辞典』)。

(18) 『海からみた歴史と伝統』(小島　毅)の中の「王直の上奏文」『倭蛮事略』掲載P99及び『シナ海域・蜃気楼王国の興亡』の「倭寇とされた男の弁明」の項　P156参照。

(19) 「蔣洲」についての詳細は、「明人蔣洲の日本宣諭」の項参照『中世対外関係史』(田中健夫)

(20) 前註(19)「蔣洲」参照

(21)「嘉靖の大倭寇」嘉靖三十二年(一五五三)王直は倭寇をひきつれて、大挙して中国沿海を襲った。それ以後の数年間を総称して「嘉靖の大倭寇時代」と言いならわしている。

(22)「王直騒動とは何か」、「日中間のイメージ落差」、「冷静な目曇らせる歴史観も」等の見出しで寄せられた記事。二〇〇五年(平成十七年)三月一日火曜日の長崎新聞記事。長崎県立長崎シーボルト大学教授横山宏章氏の寄稿文。

(23)南京師範大学教授

(24)ここでは、斧で王直の名を削り取る行為。

(25)『こうして歴史問題は捏造される』(有馬哲夫)参照。

三、「王直」の来日年代をめぐって

王直は、本来が武器商人註(1)であり、自身が明人であるから、明人とは勿論、多くの倭人註(2)、そして、ポルトガル人とも交わった。したがって、王直の来日を、ポルトガル人の初来日註(3)と重ねて論ぜられる傾向がみられるが、ここでは、王直の来日に焦点を絞って、稿をすすめたい。

(一)『鉄砲記』にみる王直の来日年代考

「これより先、天文癸卯《みずのとう》(きぼう)(天文十二年)八月二十五日丁酉《ひのととり》わが西村の小浦に一の大船あり、何れの国より来るを知らず、……(略)。その中に大明の儒生一人、五峯を名づくる者あり。………(傍線筆者)

(以下略)」

つまり、天文十二年(一五四三)八月二十五日、種子島の西村の港に、どの船かわからないが、大船が漂着し、その中に、「五峯」という者が乗船していた。というのである。

このあと、五峯は、同乗してきたポルトガル人を介して、高価な鉄砲二丁を、領主の種子島時堯に売りつける商談物語が続く。

『鉄砲記』にみる「王直」に限ってみれば、その注視点は、次の三点とみる。

(ア)「王直」の初来日年代は、天文十二年(一五四三)八月二十五日の種子島来島である註(4)。

(イ)「王直」は、同乗してきたポルトガル人を介して、高価な鉄砲二丁を領主種子島時堯に売りつけた。つまり鉄砲を伝えたのは、「王直」である註(5)。

(ウ)「王直」はすでに、種子島来島の際は、「五峯」という号を名乗っていた。つまり「五島」にちなんで自ら名乗った「五峯」という号は、「五島」「平戸」に来島して、これら二島を根拠にした証であり、種子島来島云々は、その活動の一環であったと解したい。

(二)五島来日年代考

五島・平戸に関する諸誌の大方は、五島を天文九年(一五四〇)平戸を天文十一年(一五四二)として註(6)、五島に限っていえば、種子島より三年はやく来日しているとしている。それを証するものとして

○「五峯」という「王直」の号

先述したように、種子島に来日した際、すでに、「五峯」の号にて領主時堯と商談している。「五峯」という号は、五島にちなんだ号であるので種子島来日は、五島以後である証しである註(7)。

○「宇久盛定」と「王直」

「一五四〇年(天文九)王直が五島の福江にあらわれて、領主宇久盛定に通商を求め、盛定は、福江川河口の良地を与えて歓待した」。

これは、『大航海時代の長崎』――南蛮船来航の地を訪ねて――と題する、県教委発行の記事である。

○天文九年(一五四〇)王直、五島来島年の信憑性《しんぴょうせい》

『五島編年史』[註8]によれば、

「盛定、永正二年(一五〇五)頃誕生し、永正十二年(一五一五)十一歳にて、未だ平戸にあり、大永元年(一五二一)、逆臣「玉ノ浦納」を滅して、旧領を復し、大永六年(一五二六)、江川城を築城。天文十八年(一五四九)没、享年四十五。」

とある。

つまり、天文九年(一五四〇)の五島来島は、盛定、三十五、六歳の頃で、充分符号する。

ところで、これらの天文九年(一五四〇)王直五島来島年代説は、先述したように、大方の郷土誌の記するところだが、何に依ったのだろうか、と言いたいのも、この説に疑問を投げかけておられる方もおられるからである。今は故人となられた五島郷土史家「的野圭志」氏である。

もう十数年以前といえようか、「天文九年(一五四〇)王直の五島来島」について、的野氏にお尋ねしたところ、「自分もかねがね疑問に思っており、その出典についていろいろ当たってみたがみつからなかった。この件に直接触れた平山猛夫氏もすでに故人となっておられて、確かめようがなく、盛定の居城江川城も慶長十九年に焼失し、その折、旧記、重宝等も、ともに一切焼失、盛定の家臣青方氏の『青方文書』にもこの件については、一切記述がない。ただ、王直《おうちょく》が福江に根拠地を持っていたことは確かな史実ではないかと思う」とのご教示を頂いた(傍線筆者)。

大方の郷土誌の記す「天文九年(一五四〇)来島説」は、江川城焼失以前の史料を誰かが保持し、それに依って伝承されてきたのか、『五島編年史』の「天文九庚子浙江省、双嶼港ニ拠ル海賊ノ一味ニ、初メテ王直、徐惟学、葉宗満、謝和、方廷助等ノ名見ユ」の記事を、福江来島として誤り伝えられ、それに依ったのか、判然としない。

唯、先述してきたように、天文十二年(一五四三)種子島来島の際、すでに「五峯」の号を名乗っており、五島来島は、それ以前であること、盛定期と王直来島期は合致する故、「天文九年来島説」はあながち誤ったものではなく、史実にかなったものといえまいか[註9]。

(三) 平戸来日年代考

○「盛定」と「玉浦納の乱」

玉浦納は、五島玉浦の豪士で、宇久家に反逆した事件を総じて「玉浦納の乱」と言い習わしているが、詳細は他に譲る[註10]として、ここでは、「盛定」を中心として、この乱が、盛定の成長過程にどのような影響を及ぼしたのか、そしてなぜ「平戸」なのかを追ってみたい。

系図によって示したいが、盛定の父は宇久囲であり、母は、平戸の松浦弘定の二女であり[註11]、弘定の養子興信は、伯父《おじ》にあたる。

この乱の際、盛定の父囲は、納に追いつめられて自害し、当時二、三歳の幼児だった盛定は、難をさけて、祖父松浦弘定のもとにあずけられ、平戸での十数年間の成長期をたどる。

つまり、乱の鎮定、五島福江復帰、江川城築城等、盛定のその後の事績は、父、囲の家臣達に依ることは勿論だが、祖父弘定、従祖父《おおおじ》の定久、伯父の興信等の多大な援があったことを忘失してはならない。

○「王直」の平戸来島、その背景

王直の平戸来島を、五島来島の翌年の天文十年(一五四一)か、翌々年の天文十一年(一五四二)とされている。

その時点での平戸では、祖父の弘定がすでに卒し、天文十年(一五四一)には、伯父《おじ》の興信が卒し、その子の隆信が、若干十三歳にて封を襲いでいた。

天文四年（一五三五）、宗家松浦は、相神浦に飯盛城を築き、それと前後して、少弐氏を後楯として平戸松浦と対すべく、少弐資元の子「鎮《しげる》」を、十六代松浦親の養子として入部させていた。

大いなる危機感をもった平戸松浦は、飯盛城を先攻すべく兵をあげたが、飯盛城における少弐氏の残党註(12)の強力な抵抗に遭遇し、惨敗に帰した。

この態を聞き及んでいた五島福江での宇久盛定は、十数年、平戸での成長期を過ごした過大なるその恩義に報いるべく、そして平戸松浦の要請もあって、早速来島していた王直を、平戸に赴くべく進言したのである。

隆信は、承知の通り、王直を勝尾岳東麓に住まわせ、この館を本拠とし、五島とも往復し、この二島を根拠地として、東西奔走した。種子島漂着もその一環であったことは先述した。

写真１　王直像

天文十一年（一五四二）をもって、王直の平戸来島年とすれば、平戸を去る弘治三年（一五五七）までの平戸根拠地年数は、十六年間に及ぶ。勿論、ここに居すわる意味の滞在ではなく、留守期間も当然あったのだから、ここでは、あえて根拠地年数期間とした。

写真２　六角井戸

写真４　五峯王直屋敷跡

写真３　明人堂

註（1）「王直」の武器商人としての活動の詳細は、『倭寇』――商業・軍事史的研究――（太田弘毅）参照

（2）後期倭寇（十六世紀倭寇）にいたっては、「大抵、真の倭は十の三、倭に従う者（中国人）、十の七なり」（『明史』日本伝）といわれるように、むしろ中国人が多かった。

（3）公式的には、平戸にポルトガル人が来日したのは、一五五〇年（天文十九年）とされているが、非公式にはそれ以前に、王直が明人とともに連行した可能性は、じゅうぶん考えられる。

（4）『鉄砲記』にみる「王直」の種子島への初来日と、鉄砲伝来年を、天文十二年（一五四三）とする説は、中央学界の公式として認定しているところであり、他については一顧だにしないというのが、現状である。（関連後述）

（5）鉄砲史の泰斗である宇田川武久氏は、その著『鉄砲伝来』の中で、「日本に鉄砲を伝えたのはポルトガル人ではなく、倭寇とみなすほうが歴史の事実に近い。……（略）、種子島漂着のとき、五峯、すなわち王直が仲立ちをした事実はよく知られているが、実は倭寇が鉄砲伝来の主人公であった。……したがって、倭寇の歴史的意義は再評価されるべきである。」P14～p15（この項関連後述）

（6）その典型的な一例として、県教委発行の『大航海時代の長崎県』に「五島の郷土誌には、一五四〇年（天文九）王直が五島の福江にあらわれ……（略）、王直は一五四二年（天文十一）に平戸に移ったが……（略）」として、郷土誌の記事を引用している（後述）。

（7）註（4）で示したように、『鉄砲記』一辺倒の学界では、これをあえて認めようとしない傾向がある。但し、「王直が日本の五島を根拠としたのを嘉靖十九年（一五四〇）とみる説もあり、これが事実であれば、天文十二年の種子島での五峯が、王直であったとみなす補強になるであろう」（『鉄砲』（洞　富雄　P8）の異説に注視したい。

（8）『五島編年史』（中島　功）上下二巻、昭和四十八年（一九七三）国書刊行会より発行。一六〇冊に及ぶ文献引用。

（9）（故）的野圭志氏がいわれる「王直が五島福江を根拠地にしたのは確かな史実」をもとに、それを迎え支えた宇久盛定の生涯を通じて、さらに「五峯」の号にこだわり、五島来島は、種子島以前である、との説を懸命に保持続けたい。平戸も同様である。

（10）「玉の浦納の乱」についての詳細は、『海鳴りの五島史』（郡家真一）『福江市史』『五島史と民俗』（平山徳一）などがあるが、その最たるものは、『拓かれた五島史』（尾崎朝二）であろう。

（11）松浦弘定の二女（大黒）で長女は（布袋）で興信の室、後死亡、波多氏の二女を娶る。五島史の系図は、囲の妻が布袋となっており、平戸の系図は、布袋の子が隆信となっていて、ともに誤っている。

（12）天文五年（一五三六）、少弐資元が多久で自害し、その家臣達が飯盛城に流入したことをさす。

四、『鉄砲記』と『大曲記』

（一）『鉄砲記』

この鉄砲記と大曲記を並列すると、その途端、苦笑するか、こんな俗書と並列されてたまるかと、吐きすてるように、罵声《ばせい》を浴びせる人もあるかもしれない。

鉄砲記は、幾度も先述してきたように、鉄砲伝来と王直の初来《はつらい》日記として、国内では唯一無二の史料として尊重され、肯定的に利用されてきた経緯がある。

しかしこれとて、鉄砲伝来から六十年以上もたった慶長十一年（一六〇六）の成立期であり、しかも領主種子島時尭の鉄砲入手の功績を記念した顕彰記であり、史料的価値はそれほど高いとは言えない、という批判もある註(1)。

しかし、未だに鉄砲記一辺倒であることに変わりはない註(2)。

(二)『大曲記』

大曲記は、地方史にとって、押すに押されぬ第一級的史料として、『松浦家世伝』でも断然トップに、しかも最多に利用、引用されてきた。他書でも、ままに引用をみうけるが、しかし俗書とは言わないまでも、二次的、三次的史料としての取扱いをうけているのが現状ではあるまいか。したがって、極端な言い方かもしれないが、先述した通り、学界からも、「一顧《いっこ》だにされない」取扱いにほだされていると言えよう註(3)。

〇大曲記の史料価値

それではここらで、大曲記の史料的価値について、みつめてみよう。

澤正明氏の『宗家松浦戦国記註(4)』の、「松浦旧記註(5)の考察」に依ると、「松浦旧記の中で、最も歴史の事実が正しく書かれており、歴史書として最も重要視され、旧記の中で一番早い時期に書かれており、平戸松浦藩の正史、『家世伝』の作成時、数多くの記事が引用されていることからして、記載内容の正確さが見て取れる」と高く評価されている。

著者の大曲藤内は、天文二十一年（一五五二）の生で、没年は寛永十七年（一六四〇）十二月十七日、行年八十九歳とある。

また、『肥前松浦一族註(6)』（外山幹夫）は、「大曲記の史料価値」と題するなかで、「平戸松浦氏は、遺憾ながら、決して良史料に恵まれているとはいえないが、その中にあって、大曲記は比較的信頼性の高い史料である」と評されている註(7)。

長生きした藤内は、隆信（道可）、鎮信（法印）、久信（泰岳）、隆信（宗陽）、鎮信（天祥《てんしょう》）の五代のもとに生き続け、隆信（道可）からは直接聞いたことを記していて、宗陽隆信の時に成立したとされている註(8)。

仮に、隆信（宗陽）が十三にして元服、鎮信（法印）に伴われて、家康に謁して、封《ほう》を襲《つ》いだ慶長八年（一六〇三）頃とすれば註(9)、鉄砲記成立の慶長十一年（一六〇六）より三年程はやいということになる。

〇『大曲記』と「王直」

大変前置きがながくなった。大曲記の記す王直への描写に移ろう。

「さて、道可様果報も武運も満足の仁にて候故に、平戸津へ大唐より五峯と申人罷着《まかりつき》て、いまの印山寺屋敷に、からように屋形をたてて註(10)居住申ければ、それをとりえにして大唐のあきない船たえせず。あまつさえ南蛮のくろ船とて初て平戸津に罷着ければ、唐南ばんの珍物は年々満々《みちみち》て参候間、京堺の売人諸国皆あつまり候間、西のみやことぞ人は申ける」。

王直の平戸往きは、隆信の要請と、宇久盛定の進言とが相まって実現し、印山寺屋敷に唐様の屋敷を建てての豪勢な暮らしぶり註(11)等、すでに述べた。

ここでの南蛮の黒船とは、ポルトガル商船のみならず、東南アジア系の商船等をさすと解したい。つまり、それらから運びこまれる珍しき高価な商品の流入をかぎつけた京堺の商人のみならず、全国の商人が、その取り引きに馳《は》せ参《さん》じ、その時点での平戸は、西の都と言われるほどのにぎわいをみせた。というのである。

王直の取引きは、主として武器類であったであろうから、そのあたりを「其の頃まで日本国にめづらしき物には鉄砲也。此てつはう玉薬《たまぐすり》を年々過分にかいおき、近習外様の衆註(12)にてつはうけいこをもっぱらにさせられければ、けいこつのり候ては、さけはりをいるほどの上手になられける。

小鳥なとの事はかけ鳥をいられけり、去る程に石ひや[註13]、はらかん[註14]なとゝて御たちにも城々にもかいをき、又小てっはうなど作り初る事も、たねか嶋と平戸津よりそはしまりける[註15]。」

隆信（道可）が、王直と取引きしたのは、まずは鉄砲で、火薬も過分に仕入れ、家臣にその操作を訓練させ、それがやがては、下げ針や、空を飛んでいる小鳥など射落す程上達した。そうしているうちに、石火矢（大砲）ハラカン砲なども御館にも城々にも買い置き備えるようになったと記している。

しかも、小鉄砲等は領内平戸で製造するようになり[註16]、これらのこと、つまり鉄砲伝来や、その操作、そして製造も、種子島と同等であるとしている。

さて、これらを読み通す時、問題点として指摘したいのは、

（ア）五島でも持ち運んだはずなのに、記録がないのはなぜか[註17]。

（イ）大曲記での鉄砲云々は、「たねか嶋と平戸津よりそはしまりける」の記事から推して、天文十一年から十二年にかけての飯盛城攻め、もからめて、すでに、王直来島時点から施行されたのではないか。つまり、その十年後の天文十九年（一五五〇）ポルトガル人の平戸来島時点からではないと解したい。

（ウ）ここでの鉄砲云々の話は、隆信（道可）自ら体験した事柄（王直と共にした時期も含めて）を、同時代の大曲藤内が、直接聞き及んでの記録として、この部分に限っていえば、『鉄砲記』以上の史料的価値[註18]を内包していると視たい。

註

（1）『鉄砲伝来』（宇田川武久）Ｐ3　中央公論社

（2）「鉄砲を伝えたのは倭寇である」とする右の「宇田川武久」氏でも大曲記、そしてその中に記す鉄砲伝来や王直について、将に一顧だにしていない。

（3）三の㈢　平戸来日年代考

（4）『宗家松浦戦国記』（澤正明）平成二十二年刊、芸文堂発行

（5）平戸の郷土史書『大曲記』『印山記』『深江記』『壷陽録』『三光譜録』の総称

（6）『肥前松浦一族』（外山幹夫）二〇〇八年、新人物往来社発行

（7）右註（6）Ｐ158

（8）『松浦家世伝』巻二十七「宗陽公之時、大曲藤内所レ著也」とある。

（9）『史都平戸』――年表と史談――二十八代隆信（宗陽）一六〇三・慶長八年の項

資料1　宇久盛定関係系図

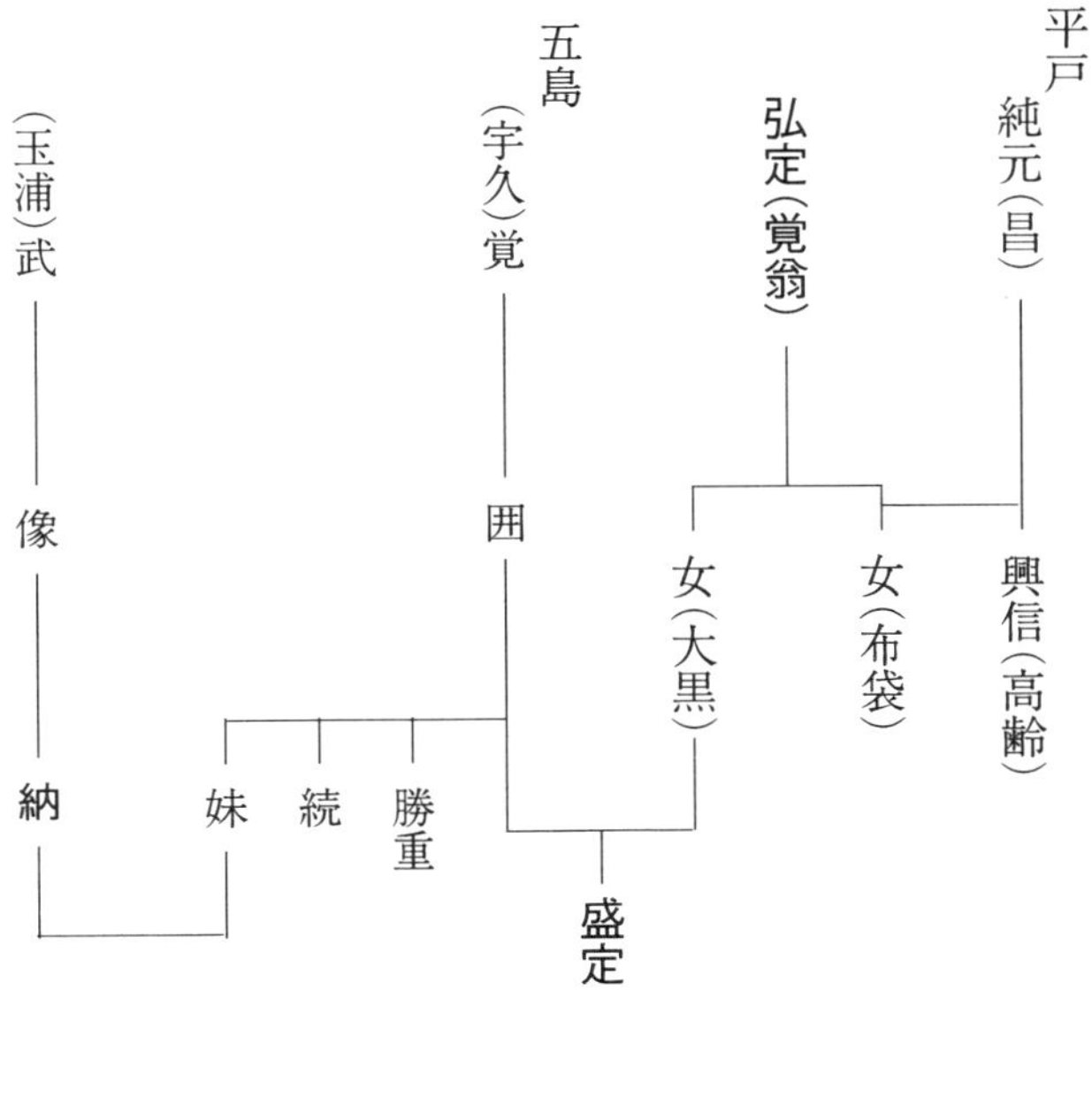

『拓かれた五島史』（尾崎朝二）と「平戸系図」（松浦史料博物館 蔵）を参照・集成して作成。

(10)「尾形」「館」の意味であろう。
(11) 一、「王直寸描」及びその言(11)参照
(12) ここでは、ぢかに見習っている侍達や、遠くにいる者達の意味であろう。
(13) 南蛮伝来の大砲
(14)「はらかん」(ファルカン砲) 中国や日本で呼ばれる大砲初期の砲、多くは船上に載せられたという。『世界銃砲史』(上)(岩堂憲人)
(15) この点について、外山幹夫氏は『肥前松浦一族』のなかで、「肯定も否定もできないが、今後の検討に供したい」とされている。P198
(16) 松浦静山の『甲子夜話』には、すでに鎌倉初期から鍛冶が行使されたと云々している。つまり平戸における鉄砲製作の歴史的素地が備わっていたといえる。同書5 巻七十九(一四) 平戸刀の項
(17) 小説『五峰の鷹』(安部龍太郎)や同著者の歴史随想『英雄を歩く』では、五島での鉄砲使用を記している。
(18) 前掲註(9)参照

五、五島と平戸の王直観

先述した問題点(ア)の、「五島には鉄砲の記録がない」についての話からはじめよう。

王直は武器商人なる故、当然ながら、鉄砲、弾薬等持ち込んだはずである。にもかかわらず記録がないのは、

○当時は世をあげての戦国時代で、鉄砲は極秘扱いにされたのではないか。

○宇久盛定は、王直との間に、商取引[註(1)]に専心した。

○盛定は、乱の平定後[註(2)]、数々の内政に専念し、戦いに交えることがなかった。

さて、五島の王直観だが、『中国文化と長崎県』(県教委編纂)に「日明貿易に際して、その仲介者として日本人から絶大な信頼を得たのは、王直であった。一五四〇年に、王直は福江にやって来て、宇久盛定に謁見し通商を求めた。これに対し、盛定は喜んで通商を許し、唐人町をつくり、ここに唐人を住まわせた」にみられるように、福江を繁栄させ、日本貿易の推進者として、高く評価した。だから、先述したように、五島の有志は、中国に赴き、王直の墓を修復し、記念碑をも築いたのである。これが王直を五峯先生と仰ぐ五島の王直観なのである。

一方、平戸はどうか。盛定の進言と、隆信(道可)の要請と相まって、天文十一年(一五四二)に、平戸に赴き、隆信は大いに歓待し、屋敷を与え、館を造って構えさせた。

時に、平戸と相浦との戦い、つまり第一次飯盛城の戦いがあり、この際王直が持ち込んだ鉄砲が使用された可能性が充分にあり、『佐世保発達史』[註(3)]や『平戸藩史考[註(4)]』に鉄砲使用の記事がみられるのも史実を示唆しているのではあるまいか。

ところで、平戸の王直観だが、当の隆信がはなばなしく歓待したのに比し、その後の代々の領主は、いたって冷ややかな観方の感を受ける。平戸に十数年[註(5)]、根拠地として滞在したにもかかわらずである。

『家世伝』でも「汪五峯者奸盗也」[註(6)]と、つきはなした表記である。

これは勝手な推測だとして、批判されるであろうし、ちとくりかえしになるが、種子島の領主時尭が、鉄砲類商取引で堂々と渡り合い、五島でも王直と商取引し、後には王直を慕って明人堂を建て、しかも中国まで赴いては、墓を修復し、記念碑を築くなどの尊崇観をあらわにしたのに、平戸のそれは、隆信の応待を別にすれば、代々あたらず、さわらずの冷ややかな感を受ける。

資料２　王直の行跡

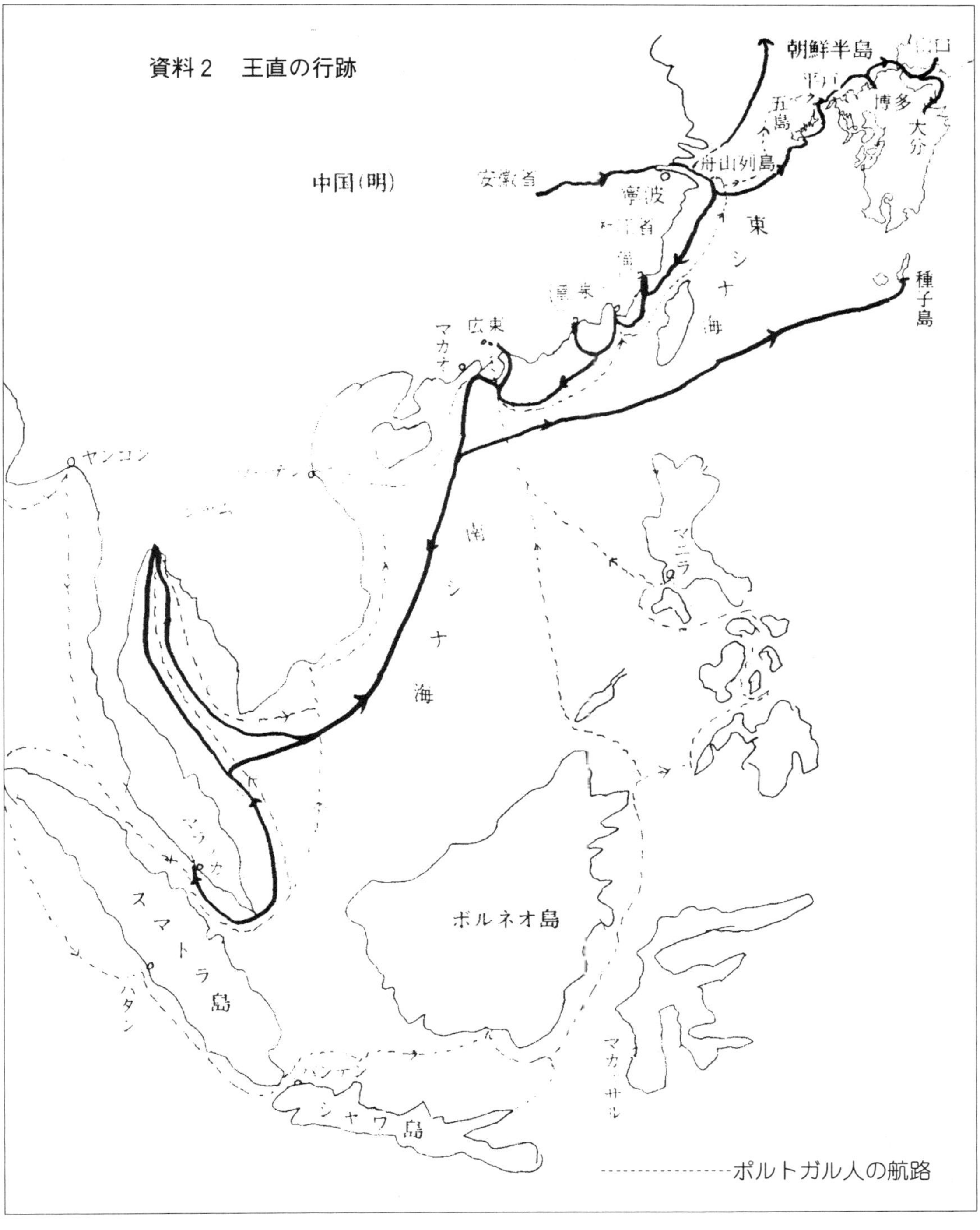

『日・明関係史の研究』・『十六世紀日欧交通史の研究』・『南蛮船貿易史』・『倭寇』・『地図を訪ねる歴史の舞台』等を参照して作成。

資料3　王直関係年表

中国明暦	西暦	和暦	事項	人物 王直	人物 宇久盛定	人物 松浦隆信
孝宗16	1503	文亀3	・この頃王直、中国安徽省に生まれる(推定)	1503	(推定)	
孝宗17	1504	永正元	・宇久盛定、福江の辰ノ国城で生まれる。		1504	
	1510	永正7	・ポルトガル、インドのゴア占領。			
	1511	永正8	・ポルトガル、マラッカを占領。			
	1517	永正14	・ポルトガル船、中国広東港入港。			
	1521	大永元	・宇久盛定、玉ノ浦納を討ち旧領を回復す。			
嘉靖5	1526	大永6	・宇久盛定、江川城を築く。			
	〃	大永6	・王直この頃、浙江海上の舟上列島南端の双嶼港にて私通交易する。			
	1529	享禄2	・松浦隆信生まれる。			1529
嘉靖19	1540	天文9	・王直、許棟兄弟がマラッカよりポルトガル人を誘引して北上し、双嶼港に来たるに、これに合流しさかんに密貿易を広げ、次第に勢力を強める。 ・王直、中国広東にて巨艦をつくり交易する。 ・王直、五島福江に来航し、宇久盛定に遇せられ、唐人町一帯を居館として与えられる。			
嘉靖21	1542	天文11	・王直、平戸の松浦隆信に招かれ勝尾岳の東麓に居住し、自らを徽王と称したこの際王直は、火薬と数挺の鉄砲を隆信に献じたといわれる。			
嘉靖22	1543	天文12	・この年の正月の飯盛城攻防戦に平戸方、初めて鉄砲を使用したと伝えられる。 ・この年の8月、王直ポルトガル人とともに種子島に鉄砲を伝える。			
嘉靖24	1545	天文14	・王直博多に行き、助才門ら三人を誘って双嶼港にて密貿易の仲間にひき入れる。 ・この頃、日本の密貿易商人、中国商人、ポルトガル商人と交わり、しきりに交易する。			
嘉靖28	1549	天文18	・宇久盛定没する(享年45)		1549	
嘉靖30	1551	天文20	・王直、大内義隆に中峰明本の筆蹟を贈る。			
嘉靖32	1553	天文22	・王直、倭寇をひきつれ、大挙して中国沿岸を襲う。			
嘉靖36	1557	弘治3	・王直、平戸を去る。			
嘉靖38	1559	永禄2	・王直、胡宗憲に誘殺される。	1559		1599

『明・日関係史の研究』(鄭樑生)・『日明関係史の研究』(佐久間重男)・『倭寇』(田中健夫)・『五島編年史』(中島功)・『史都平戸』・『平戸藩史考』(三間文五郎 編著)・『大航海時代の長崎県』(長崎県教委)等を参照して作成。

先述した「平戸にとってきわめて大きな役割を果たした」と言う高い評価とはうらはらに、「平戸は海賊によって栄えた」と言う世間体を気にしている空気があるようにみえてならない。

でも、観光文化財としての、王直屋敷跡の標柱、王直道路の表示、六角井戸、小さな王直像、等の存在は、せめてもの救いである。少々酷すぎたようである。今後の批判を俟ちたい。

註（1）王直らがもたらした明や東南アジアの貿易品、特に火薬の原料である硝石、鉄砲の玉となる鉛、そして生糸、陶磁器等を買取ること。

（2）玉の浦納の乱、永正四年（一五〇七）〜大永元年（一五二一）。

（3）『佐世保発達史』（北島似水　編）初版は明治四十三年発行。

（4）『平戸藩史考』（三間文五郎　編著）昭和十一年刊。

（5）王直が平戸に来島した天文十一年（一五四二）（天文十年説もある）から、平戸を去る弘治三年（一五五七）の約十六年間をさす。

（6）『松浦家世伝』巻之十九道可公伝上。

あとがき

「一級史料を用いて書かねば駄目じゃないですか」『鉄砲伝来異聞』と題して書いた『松浦党研究』（第二十四号）に対する先ほど触れた宇田川武久氏の電話先での応答である。

衆知の通り、宇田川氏は鉄砲史の泰斗で、「鉄砲は倭寇が伝えた」説が持論である。参考文献でも紹介するが、鉄砲に関する書籍の多さは流石である。それらは私なりに触れ、氏の学殖の深さに感銘している。

唯、氏は『鉄砲記』を批判しながらも、『王直』に触れられ、天文十二年（一五四三）種子島来島と鉄砲伝来をセットにして、支持されている。でも持論の「倭寇が伝えた」と主張しながら、なぜそれより二、三年前来島したとされる五島、平戸、の件については、一顧だにされないのか。

それこそ、「一級史料用いなくば歴史にあらず」中央学界の態様そのものの姿勢ではないか。

私が言いたいのは、学界が認定する一級史料を多く持ち合わせない地方は、歴史が書けないのか。つまり『地方史』は成立しないのか。

ここで、唐突だが、『武士の家計簿』（新潮新書・二〇〇三年）を著わし、一躍知られるようになった古文書史の大家、磯田道史氏（現在は国際日本文化研究センター准教授）のごく最近の著『日本史の内幕』（中央公論社新書・二〇一七年十月二十五日刊）の中で、平戸旧記（印山記・深江記・大曲記・壷陽録・三光譜録等の総称）でも史料的価値の低いとされる『壺陽録』に触れ、「秀吉の薩州出陣」の項で、特に同行した本願寺法主の件に言及され、興味深く綴られているのに思わず引きこまれた（P15〜P17）。将に学界の態様とは対照的ではないか。

そこで、私もこの稿で、一顧だにされない、しかし旧記の中では史料的価値が最も高いとされる『大曲記』をとりあげ、その中の王直の件を主体として、私なりに挑戦してみた。部分的には、一級史料に値し、『鉄砲記』以上のものであると豪語した。

宇久盛定の生涯を通じて、王直の来島（五島・平戸）年代に迫った。たかが王直の来島年代ではないか、どうと言うことはないではないかと軽視され、私の蛮勇を嘲笑されるであろうが、鉄砲伝来ともからむ故、特に両島の研究諸子に挑戦されることを望みたい（横着極まりない言い様をお許し下さい）。

そして、繰り返しになるが、この稿を大いに料理され、批判されることを俟ちたい。

最後に『大曲記』を追求され、現代文まで施行された、松浦党研究会・

佐世保史談会会員の澤正明氏、私の訪来に心よく応じられ、教示して頂いた松浦史料博物館の久家孝史氏、多くの資料を提供して頂いた佐世保市立図書館の方々等々、には、この稿をかりて、お礼を申しあげます。ほんとうにありがとうございました。

参考文献（註掲示も含む）

『籌海図編』鄭若曽撰・一五六三（太田弘毅氏　提供）
『日本一鑑』鄭舜功撰・一五六六（太田弘毅氏　提供）
『鉄砲記』文之玄昌撰・一六〇六
『明実録』（日本史料集成編纂会編）国書刊行会・一九七七
『李朝実録』（日本史料集成編纂会編）国書刊行会・一九七五
『松浦家世伝』巻之十九・道可公伝・上・中・下
『松浦旧記』（大曲記・壷陽録・印山記・深江記・三光譜録）
『海賊史観からみた世界史の再構築』稲賀繁美　編）思文閣出版・二〇一七
『シナ海域蜃気楼王国の興亡』（上田　信）講談社・二〇一三
『五島編年史』上巻（中島　功）図書刊行会・一九七三
『平戸市史』通史編・平戸市・二〇〇七
『肥前松浦一族』（外山幹夫）新人物往来社・二〇〇八
『拓かれた五島史』（尾崎朝二）長崎新聞社・二〇一二
『五島史と民俗』（平山徳一）正文社・一九八九
『海鳴りの五島史』（郡家真一）国書刊行会・一九八五
『五島物語』（郡家真一）国書刊行会・一九八五
『大航海時代の長崎県』長崎県教育委員会・一九八八
『中国文化と長崎県』長崎県教育委員会・一九八九
『平戸藩史考』（三間文五郎　編著）・一九三六
『佐世保発達史』北島似水　編纂・芸文堂・一九七四
『長崎県史』古代・中世編・吉川弘文館・一九八〇
『松浦党研究とその軌跡』（瀬野精一郎）青史出版・二〇一〇
『鉄砲伝来』（宇田川武久）中央公論社・一九九〇
『鉄砲伝来の日本史』（宇田川武久編）吉川弘文館・二〇〇七
『戦国水軍の興亡』（宇田川武久）平凡社・二〇〇七
『東アジア兵器交流史の研究』（宇田川武久）吉川弘文館・一九九三
『倭寇』（太田弘毅）春風社・二〇〇二
『世界銃砲史』上（岩堂憲人）国書刊行会・一九九五
『海外交通史話』（辻　善之助）内外書籍・一九四二
『鉄砲と戦国合戦』（宇田川武久）吉川弘文館・二〇〇七
『中国の海賊』（松浦　章）東方書店・一九九五
『海から見た歴史』（羽田　正　編）東京大学出版会・二〇一三
『アジア海人の思想と行動』（清水　元）ＮＴＴ出版・一九九七
『アジアのなかの日本史』（荒野泰典他編）東京大学出版会・一九九三
『宗家松浦戦国記』（澤　正明）芸文堂・二〇一〇
『海からみた戦国日本』（村井章介）筑摩書房・一九九七
『倭寇と勘合貿易』（田中健夫）至文堂・一九六一
『倭寇』（田中健夫）教育社　一九八二
『中世対外関係史』（田中健夫）東京大学出版会・一九七五
『倭寇』（石原道博）吉川弘文館・一九九六
『日本近世と東アジア世界』（川勝　守）吉川弘文館・二〇〇〇
『大航海時代の東アジア』（伊川健二）吉川弘文館・二〇〇七
『鉄砲』（洞　富雄）思文閣出版・一九九一
『大航海時代の東南アジア』Ⅱ（アンソニ・リード）・二〇〇二

『日本教会史』上・（ジョアン・ロドリゲス）岩波書店・一九七八
『甲子夜話』5（松浦静山）平凡社・一九七八
『日華文化交流史』（木宮泰彦）冨山房・一九八七
『五峰の鷹』（安部龍太郎）小学館・二〇一三
『英雄を歩く』（安部龍太郎）日本実業出版社・二〇一三
『銀の島』（山本兼一）朝日新聞社・二〇一四
『大日本商業史』巻四（菅沼貞風）五月書房・一九七九
『十六世紀日欧交通史の研究』（岡本良知）原書房・一九七四
『中世後期における東アジアの国際関係』・山川出版社・一九九七
『日欧交渉の起源』（清水紘一）岩田書院・二〇〇八
『火縄銃の伝来と技術』（佐々木稔　編）吉川弘文館・二〇〇三
『明・日関係史の研究』（鄭樑生）雄山閣・一九八五
『日・明関係史の研究』（佐久間重男）吉川弘文館・一九九二
『日支交渉史研究』（秋山謙蔵）岩波書店・一九四一
『歴史学研究』（歴史学研究会　編）青木書店・二〇〇四

「元寇　実戦の論考」戦いの実相に迫る（二）

平戸市田平町　松　本　博　之

弘安の役　弘安四年五月三日〜閏七月七日（新暦八月廿九日）

至元十八年（忠烈七）五月三日〜八月七日

戦備編

◇本戦迄の経過

鎌倉幕府では文永の役の勝ち逃げを威力偵察 前哨戦 と見て再征ありと見た。役から百日後西国に異国警固番役を定め布告する。

『薩摩比志島文書』「少弐経資書下」を見る。

「蒙古警固結番事　以二使者民部次朗兵衛尉國茂一令《もうし》レ啓《せしめ》候　被聞食《きこしめされ》候而《て》　可レ令二披露給一候　恐々謹言

（文永十二年）二月四日　太宰少貳経資　在判　進上竹井又太郎殿

蒙古警固結番《ゆいばん》事　春三ケ月筑前國肥後國　夏三ケ月《四五六月》肥前國豊前國

秋三ケ月豊後國筑後國　冬三ケ月日向國薩摩國大隅國　文永十二年《一二七五年》

二月□《四であろう》日」

武内理三編『鎌倉遺文』

弘安の役で五、六月に先ず戦うのは夏の肥前と豊前となる。秋の豊後筑後は準備中の筈であった。一方、その二月フビライは威しの効果などを見る為に七回目の使者を送る。『元史列傳外夷一』「日本国」を見る。

「十二年《至元 一二七五年》二月　遣　禮部侍朗《役職》　杜世忠《蒙古人》　兵部侍朗何文著《漢人》　計議官撒都魯《サトウル》

往使《ゆきてまた》レ復《つかいし》致《しよをいたす》レ書　亦《またかえ》不《さず》レ報」

使節には高麗通訳の徐賛と薫畏国人　杲の二名を同行させた。これが有名な「龍《たつ》ノ口斬首事件」になる。

『鎌倉年代記』裏書きが詳しい。（書き下しで）倹譯碑

「今年四月十五日大元使　長門國室津浦に着す　八月件《くだん》の牒使《ちようし》五人關東に召し下さる九月七日龍口に於いて刎ね首　一《ひとつ》　中須大夫禮部侍朗杜世忠　年卅四大元人　作詩して云う　門出ずるに妻子寒衣を贈り問う　我の西行幾日ぞ　歸り來たる時は黄金の印を儻佩《とうはい》（ひいでる　おびる）せん　蘇秦《史記　合従の弁舌家の名》（の様に）下機《げき》（かえるきざし）ならずんば見ること莫《な》し

二　奉訓大夫兵部朗中　何文著　年卅八　唐人　作頌《しよう》（ほめたたえ）して云う　四大元に主無く　五蘊《うん》（つむ）悉く皆空なり　兩國（蒙髙）生靈《しようりよう》若《かくのごとく》　今日秋風《しゆんぷう》に斬らる　三　承仕朗回々《（ウイグル）》（撒）都魯丁　年卅二

回々用人　四　書状官薫畏《くんい》國人　杳《コウ》　年卅二　五　高麗譯語朗　徐（賛）年卅三　作詩して云う　朝廷宰相五更寒々甲將軍　夜　關を過ぐ

十六高僧甲（由か）未だ起算せず　來たりて名利如閑《みようりじよかん》（ひま　しずか）にし

て更《あらため》ず今の度刎首《たびふんしゅ》の事永く絶ゆ　窺い観《み》るに攻め不可の策也
其の後警固の事沙汰有り　鎮西守護人を撰補《せんぽ》し之を器用す　海邊國々に發遣し京都大番役を止《や》む　差し置かる左(在)京人公家武家公事《くじ》を滅《めつ》省《せい》し儉約を行い民庶を休む　皆是《こ》れ軍旅用意の爲也」

竹内理三編『続史料大成別巻　鎌倉年代記　武家年代記　鎌倉大日記』臨川書店　一九七九年九月　増補版

激戦から半年、未だ恐怖が醒めやらない内の使者がどうなるか、宮殿を出ないフビライは思考出来ないか君臨の玉座にいては想像もつかないらしい。日本人には計り知れない愚鈍さに見えるが、モンゴルや漢人は大人を気取るのが好みらしい。中国のジャイアン習近平を見ている様だ……。首を刎ねられたその九月、元は高麗に遣使する。

『高麗史』忠烈元年(一二七五年)(九月)
「戊子《つちのえね》(ボシ)(廿一日)元遣使　與《と》レ劒　工内來　古内在元言　高麗有路可徑至日本　故遣之」

元は前回風雨に見舞われ被害を出した事で国内を調査させ、劒と工を派遣して古くより内在する日本に至る経路を高麗が有す　と言い　故に之を遣わす、と書す。弘安の役では対馬を東廻りに到達した様だ(世界村―佐賀村説と志賀島説あり)。北風により被害が増したと思ったのであろう。

翌十月には日本再攻の為、高麗で戦艦の修造を始める。

『高麗史』忠烈元年(一二七五年)(十月)
「壬戌(ジンジュツ)(廿五日)以元將復征二日本一　遣二金光遠一　爲二慶尚道都指揮一使レ修二造戰艦一」　以て元将に復《また》日本を征せんとす　金光遠を遣わし慶尚道都で指揮為《さしめ》戰艦を修造使《せし》む。

道都は金海である。修造だから修理と新造船をしたのであろう。鷹島沈没船の板材は釘で補強され　間隔の密な所では一センチおき　と報告書にある。

十一月には矢羽、鏃、鐵の軍器を作り始める。矢が無くなった事を理由に撤退させない為である。

「癸巳《みずのとのみ》(キシ)(廿七日)分遣　部夫使于二諸道一　元遣使來　作二軍器一以二起居朗　金碑偕一往二慶尚　全羅道一劒民箭羽鏃鐵」部夫使を諸道(三道しか無いが)に分遣す　元の遣使來たりて起居朗の金碑偕を以て軍器を作《さく》す　慶尚全羅道に往き　民に箭羽鏃鐵を劍《めい》ず(劍を以て)

元ではフビライが日本再征と南宋滅亡の二正面作戦を発議して功臣に諌められている。

『元史列傳』王磐
「帝　將に用レ兵二日本一　問以二便宜一磐言　當用吾全力庶可一擧取之　若復分力東夷　恐曠日持久　巧卒難成　俟宋滅徐圖之未晩也」
「帝将《まさ》に日本に兵を用いんとす　便宜を以て問い磐言う　當《まさ》に吾が全力庶《もろもろ》を用いれば之を取ること一挙なる可《べ》し　若し復《また》東夷に分力せば持久曠日(永い月日)を恐る　功卒も成り難し　宋の滅びを俟《ま》ち　徐《おもむろ》に之を図《はか》っても　未だ晩《おそ》からず也」

フビライも最もと思い、高麗の戦備を中止させる。

(忠烈一二七六年)(二年正月)丙子《ひのえね》(ヘイシ)「(十日)帝命除　造戰船及箭鏃」
帝命じて戦船及び箭鏃を造ることを除く

フビライは南宋攻略に一本化する。が早くも至元十三年(一二七六)、その一月には南宋滅亡は大詰めを迎える。

南宋七代恭帝は降伏し首都臨安を開城する。以後残党は四年間八、九代を立てて抵抗するが、圧倒的な軍力差に鎮圧される。それは至元十六年(一二七九)で弘安二年のことである(役の二年前になる)。

その四年前にフビライは東征の是非を臣下に尋ねていた。征服戦の峠は越えた 反対の理由は無かろうとの思いか。

南宋旧臣范文虎、夏貴、呂文換、陳奕らは忠誠を示す為「伐つべし」と声を揃えた。

『元史列傳』 耶律《やりつ》希《き》亮《りよう》(至元)

「十二年(一二七五)既平㆑宋 世祖命㆓希亮㆒問 諸降將日本可㆑伐否 夏貴 呂文換 范文虎 陳奕等皆云㆑可㆑伐 希亮奏曰 宋與遼 金攻戰 且三百年干戈《かんか》甫定 人得㆑息㆑肩俟㆓数年㆒ 興㆑師未晩 世祖然㆑之」

「希亮のみが奏して曰く 宋 遼 金と攻戦し三百年 干戈甫《はじ》めて定まる 人肩で息つくを得る 数年俟《ま》って師を興《おこ》しても未だ晩《おそ》からずと世祖も之を然りとす」

だが、『元史』 世祖七年 至元十六年《一二七九》二月甲申《きのえさる》(コウシン)

「以征日本 勅揚州湖南鱝《いん》州泉州四省 造戦船六百艘」

と書いたのはその下問の四年後であった。時間のかかる軍船の建造は進めていた事になる。高麗にはその前の忠烈五年(一二七八年)六月辛丑《かのとうし》日(シンチユウ)条で、「二十五日東征元師府承省旨 令造戰艦九百艘」と大小九百艘の命令があり、準備は平行して東西で進められている。

南宋遺臣の抵抗を押さえ込んだと見た時、フビライは半年後、一二七九年八月、積極論の范文虎に下問し言わせる。

「使者を送り油断させてその報が還るのを期して其の従否を待って進兵始めましょう。また古い戦船を簡閲し充用を と言った。皆是に従う。原文を読む。

『元史本紀』 至元十六年八月

「戊子《つちのえね》(ボシ) 范文虎言 臣 奉招征討日本 比遣周福欒忠與日本僧(暁戻霊杲)詔往諭其國期以來年四月還報待従否(従うか否や) 始宜進兵又請簡閲(数え調べる)舊(旧) 戰船以充用 皆従之」

だが八月戊《ぼ》子《し》日《び》には疑問がある。さきに至元十六年は弘安二年と書いた。その弘安二年六月には元の八回目の遣使が日本に来ている。鎌倉年代記裏書きは簡潔である。

「今年六月廿五日 大元將軍夏貴 范文虎 使㆓周福㆒ 欒忠相具 渡宋暁戻靈杲《ぎようれいれいこう》(本暁房霊泉とも) 通事陳光等着岸牒状《すちよう》之旨 如㆓前々㆒於㆓博多㆒斬首」

と鎌倉にも送らず博多で斬首した。中原師守は『師守記』弘安二年六月二十六日七月二十五日条で、

「六月廿六日異國牒船到着對馬嶋之由風聞 筑紫使者 通㆓關東㆒云々 七月廿五日於㆑院 有㆓評定㆒ 大宋國牒状(入大函有銘)有㆓沙汰㆒ 件牒状可㆑通㆑好之趣也 無㆓其儀㆒者《ば》 令㆑責㆓日本㆒歟《か》云々《うんぬん》 彼の牒状昨日自《より》㆓關東㆒進上云々」

と内容に変わり無しとして、牒状のみ七月廿五日鎌倉に送られた。広橋兼仲の『勘仲記』には、

「弘安二年七月二十五日晴 參殿下 次謁信輔宋朝牒状 自㆓關東㆒去夕到來 今日於㆓仙洞《せんとう》㆒有㆓評定㆒ 殿下已に下り皆参る 左辯宰相束帯讀㆓申状㆒云々 如㆓傳聞㆒者《は》 宋朝爲㆓蒙古㆒已に被㆓討取㆒ 日本是危うし

自二宋朝一被二告知一之趣歟　今日人々議して不二一揆一云々」

滅びた宋朝からの忠告の形を取ってはいるが、結果は博多斬首であり、その模様の記録は見出せない。

その八月に高麗には七回目の使者船の水主が逃げ帰り　元使の殺害が報告され元にも報告される。

『高麗史』

「梢工上左(人名)　引海一沖(人名)等四人　自二日本一逃還言　至元十二年帝遣二使日本一　我令舌人(通訳?)　朗將徐賛及梢水三十人　送至其國使者及賛等見レ殺王遣二朗將池瑄一　押(押送)二上左等《らを》一　如《げん》レ元《へゆき》　以奏す」

朗將の徐賛や梢工の上左　引海の一沖らは七回目の使者は首を刎ねられたと証言した。王は証人の上左に朗將を付して元に輻輳させた。主戦派は激高してみせた。

『元史』本紀世祖八　至元十七年二月　己丑《つちのとうし》(キチュウ)

「日本國殺二国使杜世忠等《ら》一征東元帥忻都　洪茶丘請自《ら》率レ兵往討廷議姑少緩《しばらくすこし》レ之を」

フビライは船の建造を待つ間士気を高める為、日本行省《こうしょう》を置く。

『元史』本紀世祖八　至元十七年二月辛丑《かのとうし》(シンチュウ)

「賜諸王阿八合　那木干所部　及征日本行省　阿剌罕《アラカン》　范文虎　錦衣銀鈔幣帛各有差」

と差を付けて物を与え、慰撫している。

一年前四省に命じた戰艦九百艘の状況は(前褐元史と同年月日)

『元史』本紀世祖八　至元十七年(ウィキ十八年　間違い一二八〇年)二月

「辛丑　福建省左丞　蒲壽庚言　詔造海船二百艘　今成者《もの》五十　民實に艱古す　詔《みことのりして》止レ之」

二百の内今成る物五十　おそらく千料船　大船から建造を始めた様だ。熟練工も散り散りになり、統率者も少なくシステマティックには行かなかったのであろう。フビライは一時中止させた。

(あきらめてはいない)左丞の蒲《ホ》は色目人と書かれるアラビア人である。三ケ月後の五月　自領とした耽羅(済州島——牧場として使い後に自領とした)に三千艘分の材木を補給させる。

『元史』本紀世祖八至元十七年(一二八〇)五月

「甲寅《きのえとら》(コウイン)日　造船三千艘　勅二耽羅《たんら》一　發《おこして》二材木を一給レ之」

材木を運んでも製材し乾燥させるのに時間がかかる。生木同然で造っても狂いが生じ使い物にならない、と一級建築士の私はピンとくる。また造船に人を使役すれば国は疲弊する。元《げん》の官僚　賈居貞や昂吉兒《アンキル》　王磐は日本再征と戰艦建造が国の乱れになる、と反対した。

『元史』列傳賈居貞

「十七年(至元)　朝廷再征日本　造戰艦於江(江南)　居貞極言す　民困如此必致亂將入朝奏罷其事　未行」

『元史』列傳昂吉兒

「日本不庭(逞)　帝命阿　塔　海(アタカイー脇役俳優阿藤快芸名と同音ナンダカナー)等領卒十萬之　昂吉兒上疏《じょうそ》其略曰　臣聞兵以氣爲主　而上下同欲勝　此者　連事外夷　三軍屢《しば》(じく)屢《しば》不(はなぢ)(可)以言氣　海内《かいだい》騒然一遇調發　上下愁怨《しゅうおん》非所謂《いわゆる》同欲也　請罷兵息民　不從既而師果無効」

『元史』列傳　王磐

「日本之役　師行有期　磐入諫曰　日本小夷　海道險遠　勝之則不武

不勝則損威　臣以爲《おもえらく》勿伐‥‥」

賈居貞は民の疲弊が乱の元と云い、昴吉兒は上下欲が同じなら勝つ　兵を罷《や》め民を息《やす》むべし、従わずば既にして師の果は効無からん。王磐は小夷の日本に勝っても武ならず勝たずば威を損ず、臣おもえらく伐つこと勿《なか》れと言って反対した。フビライは言わせて怒って見せたりしている。が東征の準備は着々と進んでいた。

役前年のこの年、一二八〇年七月に編制準備、長期戦を覚悟して鍬鋤等の農具種籾や日用品什器類まで集積する様にとの命も下っており、八月には高麗の洪茶丘には秘密裡に命令が出ていた。

『高麗史』忠烈六年八月乙未《きのとのひつじ》(イッビ)

「二十六日　茶丘曰　臣若不《もしあずから》與《ずんば》日本に　何の面目復見《あってまたまみ》陛下《えんや》　於是約束して　曰茶丘忻都　率蒙麗漢　四萬軍發合浦　范文虎率蠻軍十萬發江南倶《ともにかいし》會日本一岐島に　兩軍畢集　直抵日本破之必矣」

洪茶丘はフビライの構想と作戦、秘密命令を直接聞いていた事が窺える記述である。水主を除いて十四万の将兵が壱岐で集結して直ちに日本に抵《あた》るのである。之必ずや破らんやと失敗したら面目どころか命はなかろう。

翌年が忠烈七年、至元十八年、弘安四年の役の一二八一年である。その正月突然に、

『元史』列傳外夷日本國(至元)

「十八年正月　命じ日本行省右丞相阿剌罕　右丞范文虎及忻都洪茶丘等に率十萬人征日本」率いる十萬人日本を征せんとす。ついにフビライの命令が下った。諸将は上都に集められた。この条の続きは、

「二月　諸將陛辭　帝勅曰　始《かのこくし》因彼國使來《きたるによりはじまる》　故朝廷亦遣使往かす　彼遂留め我使不還　故使卿輩《けいはい》爲此行　朕聞漢人言　取人家國欲し得ても百姓土地　若し盡く殺百姓　徒《いたずらに》得地何用　又有一《ひと》事《こと》朕　實に憂之　恐卿輩不和耳《のみ》　假若《かりにもし》彼の國人　至與卿輩有所議　當《まさに》同心協謀　如出一口答之」

降伏協議となったら異義を述べず一つの口から出る様な答えを出せと念を押している。東路軍は五月、江南軍は六月に出港して弘安の役は始まる。その前に船と兵員の数を調べる。

◇**東路軍**

東路軍は蒙麗漢四萬發合浦　と高麗史忠烈六年八月乙未《イッビ》日にあり、翌忠烈七年十一月に役の結果が記録されている。

「壬午《ジンゴ》(日)昔各道按廉使啓《もうす》　東征軍九九六〇名(文永の役八千)　梢工水手一萬七〇二九名(同六七〇〇)　其生還者一萬九三九七名」

とあり、高麗軍は二萬六九八九人が出航、七二%近くの兵士と水主が生還している。蒙漢軍は残り三万人となる。(文永の役二万五千、将兵四万、梢工水手一万七千、今回五万七千人では?と考える。)

船については文永の役で紹介した高麗史忠烈六年十一月乙酉《イツユウ》日の現在の国軍兵員の後に大船三百艘の内一二六艘しか出来なかった　と愚痴をこぼしたくだりで「兵船惣九百艘(大船)三百艘合用梢工水手一萬八千」を元に要求されて「農民徴發　丁壯凡《およそ》一萬五千人　其不敷水手三千人」と書き「發遣三千人捕乏」と乏しい中罪人にして捕らえた三千人を加えて水主一萬八千を確保している。(実数は一萬七〇二九人、年寄り病人もいたのだろう)

船数に関しては前役で完成した一二六艘と済州島三別抄軍討伐の一〇八

艘を加えて二三四艘で出かけ、私の計算では七八艘が失われた、と見た。一五六艘が残り、修造して搭載艇が倍の三一二艘合わせて四六八艘。

大船一四四艘を新造し、搭載艇二八八艘合わせて四三二艘。総計大船三百艘搭載艇六百艘の九百艘が完成したと推定出来ると思う。勿論一部には蒙漢軍の船がいて数を合わせた事は付記して置く。指揮艦用に熟練した兵士と水主を選抜して重用しないと生きては還れないからだ。

九百艘命令の修造期間に関しては合浦出発の二年近い一二七九年の事であった。忠烈五年六月辛丑《シンチュウ》「二十五日　東征元帥府承省旨　令造戰艦九百艘」文永の役の時は一月に命令し出航したのは十月で、九ケ月しか無かった。

「三万五千の工匠を徴集」して「期限急迫　疾きこと雷電の如し　民甚だ之に苦しむ」のだが今回は船大工で苦しんだ様子は見られない。(右記——愚痴はこぼしているが)

東路軍は三万九九六〇人、水主一萬七〇二九人、計五万六九八九人、およそ五万七千人である。つまり大船一艘に一三三人、船員は五六人、合わせて一艘当たり一八九人が乗っていた事になる。

◇江南軍

江南軍に関しては史料は少ない。『元史』列傳洪福源　附《つけたり》洪俊奇

「十七年《至元》授龍虎衛上將軍　征東行省右丞　十八年《至元》　右丞忻都　將㆓舟師四萬㆒　由㆓高麗金州合浦㆒以進　時右丞范文虎等　將十萬　由㆓慶元定海等処㆒　渡海期㆑至㆓日本一岐嶋　平戸等島㆒　合㆑兵登岸　兵未交秋八月風壊舟而還」

と簡単で十萬としか窺えない。既出の『高麗史』ではこの九カ月前に記録されていた。

忠烈六年八月乙未《イツビ》

「二十六日茶丘曰　不與《ともせずば》日本　何面目復見陛下　於是約束　曰茶丘忻都　率蒙麗漢四萬軍　發合浦　范文虎率蠻軍十萬發江南　但會日本一岐島　兩軍畢集《ひっしゅうし》　直抵日本破之必矣」

将兵は十万である。船数を具体的な数字であげた史料は『高麗史』だけである。

『高麗史』忠烈七年六月壬申《ジンシン》

「八日　范文虎亦以戰艦三千五百艘　蠻軍十萬　會値大風　蠻軍皆溺死」

会《たまたま》大風に値《あ》い蛮軍皆溺死す、と蛮軍と言いあざ笑っている感すらする表現である。三千五百艘は搭載艇を含むので航海用大船は三分の一の一一六六艘である。一艘当たり八六人と高麗船より少ない。沈没宋船調査などにより高麗船より少し大型と言われている。がこれは白髪三千丈ではないか。高麗の一三三人を当ててみると七五二艘となる。元の十戸百戸千戸万戸の編制単位から言っても百戸百人の兵員が乗り、雑用荷役の人夫が四十人は乗っていた、と推定すると六六七艘となる。P6上段四省造戦船プラス百の七百艘位か。兵士船員は北宋南宋の降将と捕虜だったから窮屈で当然である。今考えているのは上陸用舟艇抜都魯《バートル》は曳航艇ではないか　という事である。

搭載艇なら上げ下げ用のクレーンが必要だからだ。復元図　沈没船の図面を再度見てみたい。(材木は三千艘、五百は現有戦船・商船徴用か)

その前にお気付きであろうか。江南軍の船員の数の記載が無い事に‥‥。

これは高麗軍が七割生還したのに比べて　兵員船員の被害が悲惨だった元側は記録をしなかったのであろう。

船数では示強の戦法をとった元は逆に被害を少ないと装うのに苦心したのだろう。

前の文永の役では私の計算では一隻当たり将兵一四三人《弘安－一三三》、水主は二九人《弘安－五六》で総乗組員数は一七二人《弘安－一八九》であった。

少ない、と感じた前回の水主数がやはり少なすぎる。二三四隻六七〇〇人と三〇〇隻一万七千人では比例してはいない。これは急だったので元の蒙漢軍が船員を連れて来た、としか解答が思い浮かばない。足りない二七人×二三四隻で六三一八人、水主は高麗人六七〇〇人と合わせて一万三千人となり、過不足無く妥当と思われる。将たる者、戦で死んでも海の事故では死にたくはなかったろう。文永の役で残った水主は高麗に留めたのではなかろうか。苦労はしても六千七百人が一万七〇二九人に増えたわけである可能性が高いと見る。

＊明の鄭和の一四〇五年の南海遠征の大航海は二四十隻以上とされ、二万七四〇〇人で一一四人乗りとなる。

これ迄の考察から記載無しの江南軍の水主数の推定をしてみたい。高麗船より大型とすると五十六人＋が妥当であろう。仮に七百艘五十六人では三万九二〇〇となり、人夫を含めた兵員は一四三人で一隻当たり一九九人乗りとなる。高麗船は一八九人で十人増となり二百人乗り組みと考えた方が良さそうだ。兵士の中の人夫雑役夫運搬兵士官の世話係と馬の口取り世話係と多様な輜重兵は数が多かったに違いない。前にも述べたが今回は長期戦の覚悟で鋤鍬日用品まで積み込んでいる。交渉となったら礼装礼装品も持って行ったに違いない。

後述するが、戦いの始まった五月廿六日に壱岐へ向かった忽魯勿塔《フルウタ》の船が風で沈没する。この時百四十九人が之《ゆ》く所を失っている。モンゴル人将兵の乗る船は少し小型で堅牢に造ったのか、海上で助けられたのが四十人だったのかのどちらかだ。（標準船の大量建造でないと短期間に建造出来ないので救助四十人説に軍配を上げる）

東路軍四万と水主一万七千人、江南軍十万人水主三万九千人。将兵十四万、水主五万六千人合わせて十九万六千人が壱岐で合流して博多から攻め込む作戦であった。（但し後述するが到着せず引き返して助かる萬戸もいた）

太宰府を中心に博多から小倉迄占領、南九州の兵を呼び込み壊滅、長門四国からの援軍を迎え撃ち、少なくなった時を狙って長門へ再上陸して京都占領、逃げる朝廷を追い懸けて鎌倉迄。

…今の私でさえ幸運を祈りたい心境になる。将に日露戦争と太平洋戦争の国難の魁けと思える気がして来た。

弘安四年至元十八年忠烈七年の一二八一年五月に弘安の役東路軍との戦いが始まる。

◇実戦編

高麗忠烈王は東路軍を合浦で観閲した。

『高麗史』忠烈七年四月 癸 未《みずのとひつじ》（キビ）

「大閲于合浦」（十八日）合浦《がっぽ》にて大いに閲す

東路軍の出航は弘安四年五月三日である。高麗史忠烈七年五月 戊 戌《つちのえいぬ》（ボジュツ）日「＝三日忻都　茶丘及金方慶　朴球　金周鼎等　以㆓舟師㆒征日本」舟師を以て日本を征せんとす　と短いが決意を語っている。お気付きであろうか。前回の都元帥忽敦の名が無い事に。前回留守将を勧めた忻都と入れ替わった様だ。抑《そもそも》フビライに日本征伐を進言し協力を申出でたのは忠烈王が世子だった璉《シン》の時であった。初期倭寇が始まり自力では征討出来ず（領土は南半分で三道と小地域のみ）日本が憎かったのだろう。フビライに頼ったがその為　造船や軍備　兵役に民衆は苦しんだ。

　当日に対馬に着いた筈だが何故か合浦から一旦、巨済島に移動してから対馬に向かったと思われる。

『元史』世祖八　至元十八年六月壬午《ジンゴ》日《十八ヨ》
「十八日　日本行省臣遣使　來言　大軍駐二巨濟島一　至二對馬島一　獲島人言　太宰府西六十里舊有二戍軍一　我軍已調出戰　宣乘レ虚搏レ之
詔曰　軍事卿等　當自權衡之」

将兵四万　船員一万七千　三百艘の
「大軍（風待ちの為か）巨済島に駐《とど》まりて《錦海湾に》　やがて対馬島に至り獲た島人の言に・・・（前号P66で紹介　略）・・・詔して曰く　軍事卿ら　自ら之を権《はか》りに衡《はか》り（事に）当たれ」

とフビライは言っている。

　対馬では戦闘は無く漁に来ていた者を偶々《たまたま》捕まえたのであろう。誰も住みたくはなかろう。無人の島の廻りは魚の宝庫。博多近くの漁師が捕まり太宰府西守護所が赤坂に集約された事を証言したと見る。日本は未だ知らない。

　五月は今の六月、梅雨に近い。一部は積んでいた鋤鍬を持ち出して畑作を開始したり、高麗耽羅に渡る最後の集結地として建屋も整備された事であろう。二十日ほど滞在し壱岐に向かったのは五月二十六日である。（ウィキペディアは対馬到着を五月二十一日と記す。典拠史料記載無し）東路軍には不吉な事故があった。『高麗史』に

忠烈七年五月　癸《みずのと》亥《い》（キガイ）曰
「是月（二十六日）諸軍向二一岐島一　忽魯勿塔船　軍一百十三人梢水三十六人遭レ風　失二其所一レ之」
　元軍人忽魯勿塔《フルウタ》の船が風に遭《あ》い乗員百四十九人が其の之《ゆ》く所を失う、と全員が水没（または救助四十人くらい――10頁一八九－一四九＝四十）したと思われ、この大事をフビライに特別な事として報告させた。壱岐では偵察戦闘は無かったが見張りはいた様だ。京都に知らせが届く。

『勘仲記』六月
「一日乙巳《イッシ》晴　異國賊徒舟襲來之由　宰府飛脚到来」（十日前なら五月廿一日）
三日には朝廷で評定が行われている。四日には
「・・・異賊舟一艘　自二日本一令二夜討一之《の》由　自二鎮西一飛脚到来・・・」
と場所は対馬だろうが、偵察戦が始まっている。（志賀島）
壬生《顕衡》官務家日記抄弘安四年六月二日には
「異国船襲來　去月廿二日已に打ち入る壱岐対馬□《二か?》嶋之由　自鎮西飛脚　夜前到来于六原《(波羅)》即□通関東之由風聞　実説可尋之」
と已《すで》に打ち入っているのでこれがウィキペディア対馬入り　五月廿一日（以前）の根拠であろう。だが二百年後編纂された『高麗史節要』には海難事故のあった五月二十六日には日本世界村大明浦に至っている。
「五月辛酉《二十六日》（シンユウ）　忻都茶丘金方慶至日本世界村大明浦」
とあり、『高麗史列傳』金方慶には日付は無いが、
「方慶與《ともに》二忻都茶丘朴球金周鼎等一發し　至二日本世界村大明浦一」

とあり続けて

「使通事金貯　激㆓喩之㆒周鼎先與《まづと》㆑倭交㆑鋒　諸軍皆下㆑興戦（ともに船又は丘から下りて）　朗将康彦　康師子等死㆑之」

とあるが、世界村が対馬の佐賀説と志賀島説がある。

韓国の発音ではセガ《世界》ソン《村》ダ《大》エミョン《明》プー《浦》せが（佐賀?・志賀?）村のだいみょううら　と読める。但し大明浦の場所を特定する人は今のところ誰もいない。対馬北端上県町に佐護（湊浜奥の盆地）、峰《東部》町には佐賀が在り、小さな入り江と小さな半島があり、北風に強い（壱岐に佐賀、志賀に似た地名無し）。

現在志賀島はしかのしまと読んでいる。陸繋島の志賀島に大明浦の古名は残っていないし大きな港も無い。＊（陸繋部の付け根にあって埋めたてられたのではなかろうか）。今回は展開が早く、五月廿六日には志賀島で偵察戦が始まったと理解している。（私は世界村は志賀島だと思う）

後考するが、日本は対馬と壱岐が占領された事を同時に認識したのが廿一日前と見たが廿六日世界村大明浦に至って夜討ちがあり、船や陣地を下りて日本軍の攻撃を迎撃《※海の中道で》して康彦と康師の子ら一族が戦死した激戦があったと読みたい。つまり壱岐で三百艘の大船団を三つに分け一隊は根拠地造りの為残し（壱岐防衛と予備兵力温存の為）、一隊は博多湾北《箱崎北》湾入部《大明浦か》迄軍を進めたが、孤立を恐れて志賀島に籠もって後続を待ったと思える。そしてもう一隊は長門に向かったと思われる。

訳通事の金貯が激しく喩したのは初戦で負けるなと叱咤激励したものであろう。只の通訳ではなく降伏などの交渉役を任される忠烈王の側近である様だ。また王の耳や目の変わりとなる監察官かも知れない。文禄の役での石田三成の様な官僚ではなかろうか。三成は手心を加えずに諸将の恨みを買ったが是も忠義の人であった。

日本軍は舟一艘を焼く夜討ちを行った。未だ七国の御家人が集結せず小勢だったので夜討ちになったのだろう。

元高軍は前回は西の今津から進入したが防備が構築されたと見て北部から進入したと思われる。前回守っていて箱崎を焼かれた豊後の大友頼泰勢が緒戦を戦い勝ったのだろう。今津から箱崎迄の二〇キロの石築地《いしついじ》は元高軍を進入させず有効だった様だが戦いの記録は無い。河野通有の「予章記」を見る。

「通有《みちあり》　弘安四年蒙古襲来ス　志賀　鷹　能古等島々海上ニ充満セリ　夷國退治之事ハ家ノ先例ナル間　大將トテ筑前國ニ進發ス　日本の諸勢博多筥崎上下三十里ノ海涯ニ築地高ク築キ此ノ方《かた》面々馬ニテ馳上《はせあが》ル様ニ　土ヲ築キ上《あげ（海）》テ面ニ乱杭逆茂木《そかもぎ》ヲ付《け》タリ　海上ヨリ見《れ》ハ危峰ノ江ニ臨ムカ如《が》シ　然レ共河野ノ陣ニハ海ノ面帯一重ニテ後《うしろ》ニ築地ヲツ《付》カセタリ　是　敵ヲ轍《よ》（わだちテツ）ク引入一戦ノ勝負ヲ可㆑決ト也　背ニ逃道アラハ《ば》味方ヤ逃《にげん》トカクシテ一人モ引《ひか》セント也　従㆑是河野ノ後築地ト云付《いいつけ》タリ」

と後ろ側は斜面で馬で駆け上がる構造であった　と判る。高所から弓を射る為である。蒙古襲来絵詞には石築地の前を進む季長他六騎と徒士二人を描いた絵には扇を持って仰ぐ菊池武房ら多数の御家人が石築地上に描かれている。河野通有だけが後ろ築地ではない　と季長はデモンストレーションした様だ。

現在明らかな福岡の石築地元寇防塁は西区の今津（柑子山～毘沙門山）と今宿《豊前造》（長垂～今山）生の松原《いき肥後造》（長垂～小戸）小戸の姪浜《肥前造－瀬野氏長崎県の歴史》　早良区西新、中央区知行　箱崎《薩摩造》地蔵松原　香椎迄二〇キロに亘り整備されて状態良く残されている。

『予章記』によれば志賀島・鷹島・能古島海上に船を浮かべて陣地を構築している。小競り合いはあっても大戦《おおいくさ》はおこってはいない。この時に長門にも船団が現れて隙を窺われている。広橋兼仲『勘仲記』には、六月十四日に、

「自《より》二武家邊一内々申《す》云《わく》　今日(太)宰府飛脚來　異賊舟三百艘着二長門浦一　了《おわんぬ》云々　閣《さしおきて》二鎮西一　直《に》令二着岸一之条　怖畏之外《のほかにほか》無レ他《なし》」

断片ではあるが、壬生顕衡の『壬生官務家日記抄』にも「異國賊船襲來長門□興《(沖)》□・・・」とあり、地元では豊浦郡豊前神玉村　土井ケ浜及び黒井村八ケ浜に強襲上陸し、在地兵力と交戦した　とあるが、具体的な史料名は記されてはいない(ある本には三五〇〇人とある。が疑問)『太平記』や「防長風土注進案」伝承の様だ。未見の為略。

同時期に志賀島には増援または交代の新手の東路軍が増強されて激戦が繰り広げられる。日本側も集結が整った。それを記録したのが、上百戸《官名》張成の墓碑銘である。

皇元故敦武校尉管軍上百戸張成墓碑銘

「・・・軍百戸統軍八十六名・・・往征倭四月□《至》合浦登二海州一　以六月六日至　倭之志賀島　夜將半賊兵□《数》舟來襲　君與所部據《拠》艦戦　至暁賊舟廼《廻》退　八日賊遵陸復來　君率纏弓弩　先登岸迎レ敵奪占其□《自信なし(払)》要賊弗レ能《く》前《ひぐれ》二日晡《まえ？》一賊軍復集　又返敗之　明《る》日倭大會兵來戦　君統所部入陣奮戦　賊不能□殺傷過□賊敗去　行中書賜賞有差賜君幣帛　二軍還至二一岐島一　六月晦七月二日賊舟両《ふたたび》至皆戦二敗之一獲二器仗一無レ□《算》　二十七日移レ軍至二打可島《鷹》一賊舟復集　君整艦集所部日以継夜戦　至レ明賊舟始レ退　八月朔　海風作《おこり》舟壊　軍還至京・・・以下略」

読んでみると、

「八十六名の兵士(雑役夫除くか)を統率する張成は四月金海合浦に至り海州(海のしま對　馬《または巨済島か》　対馬州《しまくに》か)に登《あが》った。

以て六月六日　倭の志賀島に至る　その夜将《まさ》に半ば　舟に乗り來襲す　君は所部と與《とも》に戦艦に拠《よ》りて戦う　暁に至り賊　舟を廻《めぐ》らせ引く　八日　賊陸に遵《した》がい復《また》来たる　君　纏《まとい(飾り)》付きの弓や弩《ど》兵を率い真っ先に岸に登り敵を迎え撃ち　其の枢要占むるを奪う　賊前と違い能《あた》う弗《あら》ざる　日晡《ふくー暮れる》む前　賊軍復集まるも又之《これ》に返敗す　日明けて倭大いに兵を會《かい》し來戦す　君統《す》ぶる所部《しょぶ》陣に入り奮戦す　賊支え能《あた》わず殺傷過大にして賊敗れ去り　幣帛を賜る二軍還し一岐島に至る・・・」

と先ず読む。この六月六日とその夜の戦いは日本側の記録では歴代皇紀と皇代歴が近い。

「弘安四年六月五日於二鹿島《しかのしま》一合戦」

両書とも南北朝期成立とされるので六月五日は疑問が残る。高麗は八日と書す。

『高麗史』忠烈七年六月壬申日

「八日金方慶　周鼎《てい》　朴球　朴之《し》　亮荆《けい》　萬《王》戸等　與二日本兵一戰　斬首三百餘級　官軍遣《す》茶丘　乗馬走　王萬戸復横二撃之一　斬五十餘級　日本兵之《しりぞき》レ退《ゆく》　茶丘　僅　免《わずかにまぬがる》　翼日《よくじつ》復戦《い》敗續《す》」

元高軍は三百五十餘を討ち取り敗續させた様だ。だが茶丘が馬に乗って走《に》げたのか　茶丘が馬を捨て走げたのか今一つ判然としない。後の高麗史列傳金方慶では馬を棄て敗走と読める。

「六月　方慶　周鼎　朴之　亮荆　萬戸等　與《と》二日本兵一合戦　斬三百餘級　日本兵突進　官軍潰《ついゆ》　茶丘棄馬走《うまをすてにげる》　王萬戸復横二撃之一　斬五十餘級　日本兵之《しりぞき》レ退《ゆく》　茶丘僅《に》免《る》　翼日復戰敗續」

東征都元帥洪茶丘は日本兵の突進を受け馬を捨て走げたのが真実の様だ。川中島の四回目の激戦と同じく前半は元高軍の勝ち、後半は日本軍の勝ちと言った所か。

志賀島の戦いは八日と翌日の九日とは判った。この戦いには豊後の右田肥前の福田も加わっている。

筑前右田家文書　大友頼泰書下案

「豊後國御家人右田四郎入道道円代子息彌四郎能明《よしあき》申　今年六月八日蒙古合戦《の》刻《とき》　自身并下人被レ疵由事　申状如レ件　彼輩防戦之振舞發向之戦場」

福田文書　平《たいらのくにずみ》国澄起請文写

「以去年六月八日押寄于志賀島抽二合戦之忠一　国澄被二二疵一候之《の》時兼重子息兼光　類船令レ致　候の刻　下人云　被レ疵子細云　被レ射折レ弓子細　如二申状一無二相違一候」

「蒙古襲来絵詞」の中に同じく負傷した河野通有を見舞う竹崎季長が描かれている。そして九日の敗續は元高軍の方の様だ。

張成は僅か二日で壱岐へ後退する。服部英雄氏は一部撤退とし一部は志賀島を占領し続けたとの説である。

だが私は賛成できない。それは志賀島の戦いの続報がパタッと止むからである。公卿日記も元高側もである。

「絵詞」二十四段の前　二十三段に鷹島海上戦の後に志賀島大明神と書し、鳥居や神殿拝殿が描かれ元軍の将が辺りを見渡していて海中に一人　岩上に一人の日本人が描かれている。服部氏はこれを季長としている。私はこれを季長郎従藤源太助光と親類野中太郎長季だと思う。十六段で石築地の菊池武房の前を通る季長一行に二人はいない、と見える。二人は肥後守護の安達盛宗の配下に差し出されたのではなかろうか。海際の一人が季長ならば　必ずや自分の名前を記入させた筈である。それ程自己主張は強く激しいからだ。志賀島の絵詞の詞書きを見る。

「陣に押し寄せて合戦を致し疵を被り候事　久長（島津　薩摩下り三世代目）の手の物信濃國御家人有坂の弥二郎　久長の甥　岩谷四郎左衛門兼房これを証人に立つ　頼承（安達盛宗被官）手負て後　弓を捨て長刀を取りて押し寄せよ　乗り移らむと逸りしかども　これも水手《すいしゅ—原文》　櫓を捨て押さざりし程に力無く乗り移らざりし物也　同日むま（午）の時　季長並びにて手の物疵を被る者共　生の松原にて守護の見参に入りて當國一番に引付けに付く　鹿嶋《しかのしま》差遣わす手の物同日巳剋に合戦致し　親類野中太郎長季　郎従藤源太助光傷手《いたで》を被り乗り馬二疋射殺されし證人　豊後國御家人橋爪の兵衛次郎を立つ　土佐房道戒　討死にの證人ニハ盛宗の得手の人　玉村の三郎盛清を立て　見参に入りて同御引付けに付く」

十時頃から戦い二時間後に二人が疵を被った事が判る。十七段の季長同乗兵舩の絵の注書きに頼承の名が有り、御厨海上合戦にも名がある。絵詞十八段には筑前の秋月種宗、草野次郎経永(浜玉町鬼ケ城)、肥後天草の大矢野種保種村の兵舩三艘が描かれている。この人達も季長が志賀島に向かう時に目撃したものであろう。互いに証人になる為である。

季長に戦果は無かったが。またさきの絵詞二十三段の絵は絵師の補修ミス(名前無し。確認不足か墨画きが消えていたか)と指摘しておく。

日本側の海陸からの猛攻に元高軍は志賀島を撤退し壱岐に撤退した　と考える。（船の被害を恐れたのであろう）

元高側の当面の目標は六月中旬壱岐集結して太宰府占領であり、日本の降伏又は降伏交渉を待つのがフビライの考えだからだ。百歩譲って幹部の忻都と洪茶丘や金方慶は壱岐に引き揚げた様だ。軍議が行われている。

『高麗史』列傳金方慶

「忻都　茶丘等 以累戦不利　且 范文虎　過レ期不レ至議二回軍一曰　聖旨令下江南軍與東路軍一必及二是月望一　会中一岐島上　今南軍不レ至我軍先至　数船　船腐糧尽　其《れ》将奈何《にいかんや》　方慶黙然《もくねん》とす…・後半後述

忻都茶丘ら以て累戦不利となる。且つ（江南軍の）范文虎期《き》を過ぎても至らず　回軍を議して曰く　聖旨は江南軍と東路軍必ず是の月望《なかば》に及べば　一岐島に会令《かいせ》しめよであった　今（江）南軍至らずも我が軍先に至り数船　船腐り　糧《かて》尽く　其れ将《まさ》に奈何《いかん》　方慶黙然《もくねん》（として答えず）

東路軍は明らかに押されている。日本軍は増え自軍は減るばかりである。早くも回軍が議題に上がっている。

方慶は前役で誣告事件で痛い目に会っているので黙して語らなかった。撤退に賛成したら後で罪を問われるのは高麗臣下の方慶であり、元の臣下忻都　洪茶丘ではないからである。明らかに方慶に意見を言わせようとしている。

ところでウィキペディアは東路軍の壱岐撤退を六月十三日としている。史料の提示が無い所を見ると、六月十五日の大同予定日前だからであろう。（最近事情が判ってきた）

東路軍が待っているその江南軍の出航は六月中旬としか判らない。判っているのは管軍万戸葛剌歹が出航したのが六月十八日　と言う　翌年六月一日の高麗史にのみ記録されている。

『高麗史』忠烈八《一二八二》年六月己丑日

「一日　蠻軍鎮把　沈聴等六人　自二日本一逃來言　本明州人至元十八年六月十八日　従葛剌歹萬戸　上船至二日本一　値二悪風一船敗　衆軍十三四萬　同栖二一山一　十月《?》初《の》八日　日本軍至　我軍飢不二能戰一皆降二日本一擇二留工匠及知田者一　餘皆殺レ之　王遣二上將軍印侯朗將柳庇一　押聴等送二于元一（八月）甲午（九日）蠻軍五人　自二日本一逃來」

「六月一日条に六月十八日から八月九日　十月《?》初八日の記事がある。日付は誤写誤植として置いといて　葛剌歹《カラダイ》の出航は六月十八日、悪風に値《あ》い船敗れて衆《おお》くの軍十三四万一山《いちざん》（鷹島であろう）に栖《すみか》を同じくす十月八日に？　日本軍我が軍に至るも飢えて戦い能《あた》わず皆日本に降る工匠田《はたけ》を知る者を擇《えら》び留め餘は皆之を殺す　八月九日にも日本から逃げ来たる江南軍五人がいた」

と書く。元史では六月入海と記す。

『元史列傳』日本國至元十八年

「官軍六月入海　七月至二平壺島《へいこ》一　移二五龍山《これも鷹島》一　八月一日風船壊…・」

（後述）

と負け戦は簡単だ。

平壺島は平戸島である。平戸が根拠地に有効な事を告げた漂流日本人がいた。

『元史列傳』外夷日本國

「今年（至元十八年）三月　有日本船爲風水漂至者　令其水手書地圖　因

見近太宰府西有平戸島者　周圍皆水　可屯軍船　此島非其所防　若徑
往據此島　使人乗船往一岐呼忻都茶丘來會　進討爲利　帝曰　此聞不
悉　彼中事宣　阿剌罕輩必知」

「日本船風水の為漂い至る者有り　其の水手(船員)に地図を書かしむ　因《よ》って
太宰府近く西に平戸島有るを見る(無理筋かも知れぬ)周圍《しゅうい》皆水にして
軍船屯《たむろ》すこと可なり　此の島其れ防ぐ所非ず　若《も》し此の島に拠《よ》り径《けい》
往《おう》せば使人乗船し一岐に往き　忻都茶丘に来会すれば進討に利為《た》り
帝曰く　此を聞き彼中《あた》る事宜《よろ》しく不悉《ふしつ》(ことごとくならず)なり　阿剌罕
の輩必ず知るべし」

と一応読む。惜しむらくは東路軍が発した後で戦術変更が届かなかった。また阿剌罕は死病に取り付かれ替わった阿塔海《アタカイ》は準備に追われて六月半ば来会に遅れてしまった。勿論フビライは多少の行き違いはまま有る事なので気にもしないし不安も無かったであろう(台風は知らない)。その六月半ば十八日前後に江南軍は出航した(四十二年過ごした名古屋時間を思い出す——約束の時間に出発する)。東路軍との連絡の為派遣された一隊は七　畫(昼の異体字)　夜で竹島(鷹島)に到達し、張禧は平戸に船を繋ぎ築塁に勤めた。

『元史列傳』相威

「十八年　右丞范文虎　參政李庭以兵十萬　航海征倭　七晝夜至竹島
與遼陽省《東路軍》兵合　欲先攻太宰府　遲疑《おくれをうたがいたたず》不發(高麗の積極性を疑った?)
八月朔颶《ぐ》風大に作《おこる》　士卒十喪二六七一」……(十のうち六・七を喪なう)

『元史列傳』張禧

「與右丞范文虎　左丞李庭同率《じく》二舟師一　泛《うかび》レ海東征至日本　禧即捨舟
築壘《塁》平湖島　約束(一つずつ束ねる)戰艦各相去《あいさること》五十歩(七〇メートル)止泊《しはく》以避二風濤
觸撃一　八月颶風大《ぐふうおおいに》作《おこる》……」

だがその時壱岐の東路軍は回軍を議していた、と記した。最初の会議から一旬後則ち十日後の話に戻る。

『高麗史』列傳金方慶

「……続き……旬余又議レ如レ初　方慶曰　奉二聖旨一　齎《もたらす》三月糧　今一
月糧尚在　俟二南軍來一　合攻必二滅之一　諸将不二敢復言一」

「旬餘又初めの如く議す　方慶曰く　聖旨を奉じ三月《みつき》の糧《かて》もたらす　今
一月《ひとつき》の糧尚在り　南軍來たるを俟《ま》ち　合わせて攻めれば之れ必滅なり
諸将敢えて復《また》言わず」

と結ぶ。この話は六月半ばの会同予定プラス十日以上日が経った頃と思われる。最低でも六月二十六日頃、糧食一月からは最高七月三日(五月三日十二ケ月)頃迄の軍議の模様であるが、私は六月二十六日頃とみる。二十九日過ぎからは日本軍の襲撃が始まるので、その前と見た。

今なら七月二十六日は例年なら梅雨明け十日の猛暑の季節である。陣内では疫病が発生し東路軍は苦しむ。

『高麗史列傳』金方慶「軍中又大疫　使者三千餘」と記録され、高麗臣郭預は、その惨状を詩にして残している。

扶桑之海遠不極　萬里蒼蒼接天色　有夷生寄海中央　水道纔通蠻難測
聖明本自置度外　邊将貪功謀欲得　受命東征自往年　東南師期在六月
千艘駕浪會一岐《壱岐》　十丈風帆檣欲折　相望涉夏不交鋒　辛苦何須爲君説
炎氣瘴霧熏著(着)人　滿《埋めずに流すか?》海浮屍寃氣結　淫舒虧盈潮落生　九月已當三十日
是時八極顛風來　撃砕夢衝何太疾　蒼皇誰借千金壺　枉教壯士探蛟室
哀哉《あわれなるかな》十萬江南人　攀依絶嶼赤(裸)身立　如今恨骨與山高　永夜羈魂向天泣
當時將師若生還　念此能無噲鬱悒　壯哉萬古烏江上《項羽の自害と関連?》　恥復東歸棄功業

――雰囲気のみ感じる　読み下し略

蒸し暑さと不潔な空気が人々を燻《いぶ》し海上を満たした屍は怨恨の塊と化した様を嘆いて見せている。文禄の役の加藤清正尉山《ウルサン》籠城救援の時　朝鮮明軍を追い払う時、糞便の中を進んだ事を思い出す。彼らは所構わず糞便をした。

それは井戸の近くでも同じであった。江戸時代、長屋では井戸近くにも便所を造ったが、汲み取り式であった。

話を戻す。『高麗史』は江南軍の出航を六月八日に書く（渡海開始は八日から）。壱岐到着迄を七日間と見ていた様だ。

『高麗史』忠烈七年六月壬申日

「（八日）范文虎亦以戰艦三千五百艘蠻軍十餘萬來　會《たまたま》値二大風一蠻軍皆溺死」

江南軍の先遣隊は七昼夜で鷹島に到着し張禧の一隊は平戸の拠点造りも終わった頃江南軍は徐々に姿を現す。

壬生顕衡の『壬生官務家日記抄』には七月に書かれる（博多太宰府からの飛脚京都到来は十日前後のタイムラグがある様だ）。

「今年（弘安四年）七月大元賊徒　自二宋朝高麗一數千艘　船寄來　數日漂二對島海上一　而後群レ集二肥前國鷹島一之處　同卅日夜　閏七月一日大風賊船悉漂到　死者不レ知二幾千萬一　但將軍范文虎歸國云々‥‥大元船‥‥」

に続く。（敵将軍の名を既知）

『鎌倉年代記』裏書には

「大元船二千五百餘艘兵士十五萬人　除二水手等一　高麗船千艘云々」

江南軍先遣隊の壱岐到着を察した日本軍は壱岐襲撃に出る。志賀島をその儘にしては行けないであろう。東路軍は壱岐に全員撤退したとしか読めない（服部氏の志賀島確保説に賛同出来ない）。攻撃は六月二十九日から七月二日迄あり上百戸　張成の墓碑銘と日本側の日付けが一致している。

張成墓碑には、

「‥‥（蒙高）二軍還至二一岐島　六月晦日七月二日賊舟両（日）至　皆戰二敗之一　獲二器仗一無レ□〔算〕‥‥‥‥」《きじょうをえるにさんなし―推定》

とある。（ひと月の日数　大は三十日、小の月は廿九日を晦日）

やはり蒙高軍の全てが壱岐へ移動したと読めるし、六月晦は日本側は六月二十九日、七月二日は双方共に一緒である。六月二十九日の戦いには薩摩の島津長久（守護久経弟）　比志島時範　親類河田右衛門尉《じょう》盛資の名が比志島文書二通に出て来る。

薩摩「比志島文書」比志島時範軍忠状案

「件條　去年六月廿九日蒙古人之賊船數千余艘　襲來臺《壱》岐嶋時　時範相《あい》具《ぐ》して　親類　河田右衛門尉盛資　渡レ向二彼嶋一令二防禦一事　大炊亮《おおいのすけ》殿御證状分明《ぶんめい》也」

同文書　島津長久證状

「當國御家人比志嶋五郎次朗時範　令申□〔合〕戦之間事　去年六月廿九日五郎次朗　并《ならびに》親類河田右衛門尉盛資　具レ相共罷二乗長久之乗船一　渡二臺《壱》岐嶋一候事　實正《じっしょう》候」

この六月廿九日の戦いには少弐経資　肥前の高木龍造寺　彼杵衆　松浦党の船原三郎と山代栄らの名もある。他に橘薩摩河上又次朗　御厨源右衛門太郎兵衛　益田道円　志佐小次郎　同三郎入道　津吉円性御房　平戸平

五郎(不詳、又は？)　有田深　大嶋通清　（瀬野精一郎著『長崎県の歴史』）

「山代文書」肥前國守護北条時定書下

「肥前國御家人山代又三郎栄《さかふ》申　臺《壱》岐嶋合戦證人事　申し状如レ此　子細見状任二見知一實正　載起《き》請文《しょうもん》之詞可被注申《進》候　仍執達如件　弘安五年九月廿五日　平(北条)時定(花押)

船原三郎殿

橘薩摩河上又次朗殿

「絵詞」には七月二日であろうか鎮西奉行少弐経資と薩摩守護島津久経らの兵船が描かれている。龍造寺家から季時討ち死にを出したのは七月二日の芦辺浦の戦いと思われる。

「龍造寺系図」龍造寺季時伝

「弘安中蒙古襲来時　季時合戰二壱岐島瀬戸浦一に顕《あらわし》二高名《(名誉の》一討死《討ち死に)》」

肥前龍造寺文書　肥前守護北条時定書状

「去年異賊襲來時　七月二日於二臺岐嶋瀬戸浦一令二合戦一之由事　申状并證人　起請文令二被見一畢　可レ令二注進一此由於二関東一候　謹言

弘安五年九月九日　時定(花押)

龍《嫡子か》造寺小三郎左衛門尉(家清)殿　―他に龍造寺家益　季友も参加。後代の北肥戦誌や歴代鎮西要略記載名は略す(伝承かも知れぬが二次史料の為)。

絵詞に描かれた少弐経資同行八十四歳の資能は負傷、経資の子資時(十八または十九歳)は船合戦で討ち死にする。

武藤少弐系図「資時　弘安四年與二蒙古一戦二於臺岐島前一討死」とあり資時は上陸前の船戦で討ち死にした事が判る。

前の鎮西奉行少弐資能も老齢を押して加わったがこの戦の疵が癒えず後に死去する。張成墓碑の　器仗を獲ること算無し　とは退却する時潮時風向きを判断して武器を拾わず退いたものと判る。決して日本軍は負けてはいない。

六月廿八日には九州九ケ国と因幡伯耆出雲石見の中国四ケ国の荘園領年貢米を兵粮米に当てる申請があった事を壬生顕衡の官務家日記抄が記録に留めている。

七月

「六日　異國警固鎮西九ケ国并因幡伯耆□□《出雲》石見　不可濟年貢　可點定又件國々　難□荘園同下知之由　去夜自關東令申《云々》　異賊未入境　洛城欲滅亡歟　上下諸人之歎　不可有比類歟　實否猶可尋記之　異國合戰之間　當時兵　粮米事□要鎮西及因幡伯耆出雲石見國中(國)□家本所一圓領得分　并富有之□《輩》米穀令在者　可點(定)□(申)(可)被□　此旨可令申入春宮大夫□《申》状如件　弘安四年六月廿(八)日

相模守□《殿》陸奥(守)殿

越後左近大夫將監殿」

大軍平戸到着　壱岐合流を知った六波羅探題は中国勢を宇都宮卓綱に託し赴かせる。

「宇都宮系図」卓綱に

「弘安四年正月　蒙古以二十萬兵一爲レ攻二日本一　兵船六萬艘　著二肥前平戸島一　于時自二六波羅一爲二大將一　引二率中國之勢一赴二筑紫一　蒙古既雖レ聞二敗亡一　猶至二九州一異賊襲來爲二防戰之備一而歸都」

(※宇都宮氏は慶長の役今順天城戦で國綱が鍋信公と共に戦う　浅野縁組み断り秀吉改易し浪人に　五百人参軍　昔は八千人率いたと嘆く　宇都宮高麗帰陣軍物語にて)

正月　兵船六萬艘は後の付記とは言いながら聊か杜撰である(ウィキも中国衆は六万の軍勢と書く)。

劣勢な東路軍は壱岐を捨て平戸へ向かい江南軍と合流する。東路軍壱岐退却が判ったのが七月十二日である。

「壬生顕衡日記」

「七月十二日　異國賊船等退散之由風聞　實説可レ尋記レ之」

この時は撤退を疑っていたが二十日には重ねて鷹島辺りに襲來した　と報告があった。

「二十一日異國賊船重《ね》て襲來之由　昨日飛脚來云々□(事)躰非無怖畏歟　返々驚□(遂)□・・・・」

返す返す驚き畏怖している。

鄭思肖の「心史」中興集　元韃《むちうつ》攻日本敗北歌にも

「辛巳(年)六月半　元賊四明下海大船七千艘　至二七月半一　抵《いたる》二倭口白骨山一　築二土城一駐二兵対塁一　晦日大風雨作《おこる》・・・・」

——(『中国正史　日本伝』石原道博訳)

と鷹島を白骨山と書くが七月半ばと記す。そして七月半ばから平戸を出て鷹島で土塁を築き兵対塁に駐《とど》まる。ここから太宰府九州京都迄の再征をやり直す予定であった。大風雨後の部隊の被害状況からは鷹島を中心に散開して停泊したと思われる。張成は七月廿七日に鷹島に移ったがその日から海陸で戦闘が始まっている。張成墓碑には、

「七月・・・・二十七日移レ軍　至二打可島《鷹》一　賊舟復集　君整レ艦　集二所部一日以継レ夜戦　至レ明賊舟始レ退　八月朔《ついたち》・・・・」

二十七日軍を移し打可島に至る。賊の舟復《また》集まり君、艦《ふね》を整え所部を集め日を以て夜を継ぎ戦う。明《あかつき》に至り賊舟退き始む、と昼間から夜中中迄戦っている。

だがこの七月廿七日の戦いは日本側の記録には無い。在地の武士の戦闘行動だった様だ(記録は残りにくい)。また六波羅探題から派遣された引付衆宇都宮卓綱勢六萬騎の先陣が長府に着いた時に台風が来た様だ。

「深堀系図」証文記録

「弘安四年五月蒙古襲二来于筑之《の》博多一　賊船無數其兵十餘萬　侵二九州一　探題秀堅　大友豊後守時重　太宰少貳父子三人　菊池四郎武通　秋月九朗　原田　松浦　宗像大宮司　三原　山鹿　草野　島津等其外御家人三十二人　防戰于豊筑之際　厚《?》東大内の介來二加于豊前一　賊兵挑戰不利而退　探題被レ疵大友戰死《?》　従二六波羅一　宇都宮卓綱為《として》二大将一其勢六萬餘騎　先陣已著二于長府一蒙古大将出船　即日猛風吹破二賊船一　賊兵悉溺歸る者幾《ほとんどまれ》希　神國霊験異國舌《絶?》　此時深堀左衛門尉時光　深堀彌五郎時仲有二戰功一」

大内氏の元寇交名《こうみよう》は初めてである。探題が誰の事か判らないし、大友の戰死も誰か判らない。蒙古大将の出船とは志賀島か壱岐の撤退を差すのであろうか?。深堀氏が長崎半島に下る前であろうか後であろうか。とにかく疑問の多いメモ書きである。私の印象では偽書。後年の粉飾の可能性が臭う。深堀氏は台風の後の掃討戦に功が有った、とは読める(後考とする)。ともかく、ウィキペディアの宇都宮卓綱六萬騎の出典はこれだった、と知れた。

閑話休題　張成墓碑の七月廿七日の鷹島戦の三日後の三十日(晦日)夜に台風が通過する。『勘仲記』も同時なので速度の速い台風であった様だ。

新暦なら八月二十二日頃らしい(服部『蒙古襲来』)。暦も翌一日は日本側は閏七月一日であるが、元側ではそのまま八月一日である。

『勘仲記』閏七月一日条にも

「甲午　雨降る　祖母禪尼参り　夜に入り暴風大雨沃《そそ》ぐが如く叩くが如し　終夜休まず匪直《ひちょく》(意味判らず)也《る》事也」

と日を置かず、京都に達した事が判る。

さきの鄭思肖　日本敗北歌の続き

「七月…晦日大風雨作《おこ》り雹の大きさ拳の如し　船大浪の為掀《あ》げ播《す》てらる　韃《だつ》軍半《なか》ば海に没す　船僅かに四百余隻廻《めぐ》らす　二十万人白骨山《鷹島》上に在って渡り帰る船無く倭人の為刎ね尽くさる　山上　素《もと》より人の居す無く唯巨蛇多し　相伝《あいったう》　唐東征軍士咸《みな》此の山に命隕《おと》す　故に曰く白骨山又曰く枯髏《ころう》山」

『高麗史』は何故か六月八日の日に記載されている。忠烈七年六月壬申日(八日)

「八日范文虎亦戰船三千五百艘　蠻軍十餘萬を以て來たる　會《たまたま》　大風に値《あ》い蠻軍皆溺死」

と素っ気ないし、蠻軍とは手のひらを返した様だ。元が北方にスタコラ去った後に手を加えられたのであろう。六月は八月の誤記誤植、八日は報告到着日か。

『元史』を見るとさきの列傳洪福源　附《つけたり》　俊寄は、

「…范文虎ら將兵十萬　慶元定海《出港地寧波の》由《よ》り日本に至り一岐平戸らの島に兵を合わせ登岸を期さんとす　兵未だ交わらずの秋八月　風舟を壞し而《て》還る」

と詩歌より単純だ。

ウィキペディアには元史十八年の八月の壬辰日に敗報が伝わったと書くが、記事は無い。

既出『元史列傳』相威は

「范文虎李庭…八月　朔《ついたち》　颶《ぐ》風大いに作《おこ》る　士卒十のうち六七を喪う」

その『元史』列傳李庭には

「…東征日本　十八年軍次《つい》で竹(鷹)島　風に遭い船壊し尽くさる　庭《李》　船の壊れ板を抱き漂流し岸下に抵《あ》たる　余衆を収め高麗由《よ》り京師《けいし》に還る　士卒存する者十のうち一二」(三・四万は台風で助かったが故国へ帰った者は一、二万と読む)

李庭はサッサと帰った様だ。

『元史列傳』楚鼎《そてい》には

「十八年東征日本　鼎率いる千餘人　左丞范文虎に従い渡海す　大風忽ち舟壊《しゅうかい》に至り　鼎破れた舟板に挟まり漂流すること三晝夜　一山に至り文虎船に會《あ》い　因《よ》って高麗の金州合浦海に達すを得る　屯駐して兵を散《やす》ます　亦漂泛《ひょうぼう》するもの集まり來たる　之を領し以て歸るを遂《と》ぐ」

李鼎は千戸　大隊長クラスの様だ。また船を修理したり水汲み舟やバートルで逃げ帰った者もいた様だ。対馬まで行けば友軍もいた筈である。逃げていなければ。対馬まで残兵を追撃した記録は未だ見てはいない。

田平釜田浦にも元軍の死体が流れ着き、海岸に塚を造って葬ったとの伝承があり、後に山内《やまのうち》区の山に移され、田平町里田平歴史民俗資料館ホール壁の地図には「大久保の千人塚」と記載されている。

それは標高六十メートル、一目三百坪ほどの石塁の真ん中にある。北部が見渡せるので狼煙の窯跡かと思ったが、山主の大浦菊子さんは塚だと言った。祠があったが、違う大浦さんが自宅でお詣りしている様だ。山上の石塁なので田平町野田の陣笠城と同じ山上がり(戦の時の住民避難場所)の城として利用された、と思っている。横道に逸れた。

江南軍の七、八割を喪った、と書くのが『元史列傳』阿塔海である。

「‥‥征日本　遇風舟懐喪師十七八」

東路軍は台風では殆ど被害を受けず、生き残った全軍の撤退に成功している。

『元史列傳』也速歹《ナンギャダイ》

「‥‥管軍萬戸　領二江堆戦艦數百艘一　東二征日本一　全軍而還　有レ旨特賜二養老一百戸一　衣服弓矢鞍轡有レ加」

と年金に百戸の村を貰っている。萬戸なので一万近い部隊なら大船も百隻に近く残った事であろう。全体として三百艘の大船は残ったと思われる。

結果だけ先に記すと、東路軍の高麗軍は兵士と水主で二六、九八九人が出征し、一九、三九七が帰った。つまり七一・八七パーセントが帰った事になる。未帰還者は七、五九二人で三千人が疫病で亡くなっているので(P34下段)、四、五九二人が戦闘で亡くなった計算になる。

『高麗史』忠烈七年十一月壬午日

「廿日　各道按簾使　啓《もう》す　東征軍九九六十名梢工水手一萬七〇二九名生還者一萬九三九七名」

平戸根拠地隊の張禧の軍船も無傷であった。

『元史列傳』張禧の続き

「‥‥八月颶《ぐ》風大いに作《おこ》る　文虎　庭　戦艦悉く懐《こわ》る　禧所部獨り完たり　文虎等還るを議す　禧曰く士卒溺死する者半ばす　其れ死を脱する者皆壮士也　曷若《なんぞも》し其れ回顧の心無きに乗り　敵に於ける粮に因《よ》り進戦を以てす　文虎等従わず曰く朝《ちょう》に還し罪を問わば我が輩之に當《あた》る　公與《くみ》せず也　禧乃《すなわ》ち船を分け之を與《あた》える　時に平湖島《(平戸)》屯兵四千　舟乏し　禧曰く我安忍して之を棄つ　遂に悉く舟中所有七十匹を棄つ　以て其の帰るを濟《す》ます　京師に至り文虎等皆罪を獲《う》る　禧獨り免《ゆる》さる」

と将兵を乗せるために馬七十匹を棄てた。元の正史には

『元史列傳』日本國至元十八年

「官軍六月入海　七月至二平壺島一移二五龍山一　八月一日風船懐　五日《四日後》文虎等諸將各自擇二堅好一乘レ之棄二士卒十餘萬于山下一　衆議推二張百戸一者　爲二主師一號レ之曰張總管　聽二其約束一　方伐レ木作レ舟欲レ還　七日　日本人來戰盡死　餘二三萬爲二其虜一去　九日至二八角島一盡レ殺二蒙古高麗漢人一　謂新附軍爲《として》二唐人一不レ殺而レ好之　閭輩是也　蓋行省官議事不二相下一　故皆棄レ軍歸　久之莫青與呉萬五者亦逃還　十萬之衆得還者三人耳」

これは大事なので全訳してみる。

「官軍六月海に入る　衆議して七月平壺島に至りて五龍山《鷹島》に移る　八月一日風《かぜ》船を破る　五日文虎ら諸將各自《かくじ》堅好の船を擇び　之に乗り　士卒十餘萬を山下《さんか》に棄つ　衆議して張百戸なる者を推し主師と爲す　之を號して張總管と曰《い》う　其の約束を聽き　方《まさ》に木を伐り舟を作り還らんと欲す　七日　日本人來戰して死《ころ》し盡《つ》くす　餘の二三萬は其の虜と爲し　去る　九日八角島《博多》に至り蒙古高麗漢人を殺し盡くす　謂わゆる新附の軍　唐人として殺さずして之を好む　閭輩《りょはい》(新元史には干閭)は是れ也　蓋し行省官議事して相下さず　故に皆軍を棄て歸る　之久《三人の名前》莫青と呉萬五は亦逃げ還る　十萬の衆帰るを得る者三人耳《のみ》」

元軍は上百戸(張成)以上の士官を乗せ還った様だ。張成は兵士八十六人を束ねる中隊長クラスであったが、残された兵卒で階級が上だったのは只の百戸、叩き上げの下士官分隊長軍曹クラスと見た方が良さそうだ。

日本側も混乱したが、やがて鷹島に残兵が多い事を知る。偶々《たまたま》張總管の指揮する所ではなかった様だが、閏七月五日　掃討戦を開始する。酉の刻と絵詞にあるから暮れ六つ今の夕方六時頃となる。絵詞の絵の注には「閏七月五日　御厨の海上合戰に酉之刻に押し向かいて合戰を致す」とあり、絵には元船三艘の一隻に乗り移り舳先で一人の首を切り二人目の首を切った時、竹崎季長の右腕に矢が当たり、兜代わりの脛当てが落ちる瞬間、左の元船からの矢が空中に多数描かれている。服部英雄氏は偽書との立場だが、筑後香西度景《かさいのりかげ》も千崎沖海上で戦っている。

念のため服部氏『蒙古襲来』記載とウィキペディア記載の五條文書を見る。竹内理三編『鎌倉遺文』が出典元

ウィキ筑後五條文書　少貳景資書状写

「筑後国　大(木の間違い)小屋地頭香西小太郎度景申　□(一)弘安四年閏七月五日於肥前国御厨千崎海上　蒙古賊船三艘　内追懸大船致合戦　乗移敵船度景令分取　舍弟廣度異(従が抜け)賊人海中　親類□(等与)被□(射)被疵　朗従或令打死或手負令分取候子細　致見知候由　所立申證人也」

服部英雄著「蒙古襲来」少弐景資書状は

「筑後国木小屋地頭香西小太郎度景申　□(去?)弘安四年閏七月五日於肥前国御厨子崎(血後に千崎)海上　蒙古賊船三艘　内追懸大船　致合戦乗移敵船度景令分取　舍弟広度従異賊入海中　親類□(及)被(官)(?)被疵　朗従或令打死或負手令分取候子細　致見知候由　所立申証人也　然者《しかれば》(続きが有った)彼の度景合戰之次第　任二実正一可致○○起請文候　○○○○

弘安七年四月十二日　景資　判
神山四郎殿(証人)

私は偽書の見解は執らないが真性か偽書は別にして三年後でも恩賞申請が続いていた。そう言えば我が松浦党が恩賞が下りない事に業を煮やして禁令を破り志佐山代有田の三氏を代表として鎌倉に赴いたのも弘安十年であった。役の六年後である。武雄黒尾神社宮司の申請は十二年後の永仁四年　一二九三年である。

「肥前武雄神社文書」黒尾社大宮司藤原経門(資)―後記(当て字か)申状

「肥前国御家人黒尾社大宮司藤原資門謹言上　欲早且依合戦忠節　且任傍例(人偏に太+方―原文)預勲功賞　去弘安四年遺賊合戦事

右遺賊襲來之時　於千崎(沖)息乗移于賊船　資門乍レ被レ疵生虜一人分取了《おわんぬ》　将又《はたまた》攻上鷹島棟原《ふなばる》　致合戦忠之刻生虜二人了　此等子細於鎮西談議所被経　其沙汰相尋証人等被注進之処　相漏平均恩賞之条愁吟之至　何事如之哉　且如傍例者《は》　到二越訴之輩面々一蒙二其賞一了　且資門自身被疵之条尤可有御哀憐哉　所詮於所々戦場或自身被疵或分取　生虜之条　証人等状并宰府注進分明之上者《は》　依合戦忠節　任二傍例一欲預二平均軍賞一　仍恐々言上如レ件

永仁四年八月日

この閏七月五日になかなか手配の船が来なくて渡れなかったのが我等が竹崎季長である。

絵詞

「同五日関東の御使ひ合田《かうた》(―原文)五郎遠俊　安藤《あむとう》(―原文)左衛門二郎重綱　払暁に馳せ

來りしに　季長行き向ひて『海上を隔て候間　船候わで御大事に洩れ候ひぬと覚え候』と申すに合田五郎『兵船候はでは力無き御事にこそ候へ』と申す処に肥前の国の御家人　其の名忘る『鷹島の西《東浜か》の浦より破《わ》れ残り候船に　賊徒数多《あまた》込み乗り候を払ひ除《の》けて然るべき者共と覚え候　乗せて早　逃げ還り候』と申す

と日本軍の追討を恐れパニくって逃げ還っている、と告げられている。

この後、季長は曳航船の端船を与えられて敵船に乗り込み、首級二つを上げるが矢疵を負う。そこに異物　汚物が投げられて弓を射る事を忘れて鼻を摘む元兵も描かれ、この間に助かる(私は品位が無いので手糞投げと直観したが)。季長は海東郷を得ていたので、首二つでは恩賞は無かったが、近年墓も再発見され、東郷平八郎の顕彰碑もある。

「きう世んのみち佐き越もてしやうと須」(弓箭の道　先を以て上とす)

季長は　あくる六日払暁に合田の五郎の仮屋に報告に行くが使える元船はこの六日にほぼ無くなった様だ。

尚　絵詞には鷹島に向かう船の中には島津の手の者　肥後守護の安達盛宗、大矢野兄弟他多数の名もあった。掃討戦が終わったのは閏七月七日(元側八月七日)である。

閏七月七日既出の豊後御家人都甲惟親と惟遠《これとう》父子は鷹島南端の東浜に向かい、直ちに戦闘に入る。何れの出典も『鎌倉遺文』である。

「豊後都甲文書」大神惟親《おおがこれちか》軍忠状

> 豊後国御家人都甲左衛門五郎　大神惟親法師　法名寂妙謹言上　欲早任二傍例一預二御注進一　蒙二抽賞《ちゆうしよう》一　去弘安四年後《(閏)の》七月七日
> 肥前国鷹嶋蒙古合戦事　右蒙古凶徒　着二岸肥前国鷹嶋一之間　馳二
> 向当国星鹿一　彼七日寂妙渡二当嶋《鷹》一　於二東浜一依《よつ》て致す二合戦に忠一
> 寂妙子息四郎惟遠　令二分取一畢　其上朗従三郎二郎重遠被レ疵
> 旗差下人一人　弥六末守被レ疵畢　此の次第同国　志手筑後房円範
> 上総三郎入道所レ令二見知一也　早預二御注進一為レ蒙二抽賞一
> 恐々言上如件
> 弘安九年三月　日　(自著)　沙弥寂妙(花押)

その北方棟原《ふなばる》の戦いがさきの武雄黒尾神社宮司二人生け捕りの話である。鷹島陸上での戦いには　西牟田永家　薩摩の比志島時範　同島津長久も名を残す。

「薩摩比志島文書」比志島時範軍忠状案

> 次《閏》月七月七日鷹嶋合戦之時　自二陸地一馳向事　爰《ここに》時範依二合戦之
> 忠勤一　爲レ預二御裁許一　祖《あらあら》言上如レ件
> 弘安五年二月□日

比志島時範の証人に立ち　自身も戦場にいた事を言上したのが島津長久である。

「薩摩比志島文書」島津長久證状

> 同閏七月七日鷹嶋合戦之時　五郎二郎自二陸地一馳向候之次第　令二
> 見知一候了　若此條偽申候者　日本國中大少神罰可　罷蒙長久之身
> 候　恐惶謹言
> 弘安五年四月十五日　大炊助長久

比志島の名は天正十四年島津氏九州制覇出陣の時　水軍を指揮して日向

沖から向かった事を見た事がある。
西牟田永家の戦いは系図に記録されている。江上系図―山田安栄篇「伏敵篇」一八九一年

> 西牟田彌次朗永家　弘安四年　大元大將督《ひきいて》二六萬艘十万人一寇す二鎭西を一　此時永家戰に二于松浦之鷹島一抽功於レ是爲すの之賞肥前國神崎郡中數箇

割れ残った船を陸揚げして修理していたものか、また船が見つかり戦いになった。既出の肥前は福田兼重である。

「福田文書」丹羽重茂起請文写――外山幹夫『中世九州社会の研究』

「以去年後《閏の》七月七日押二寄于鷹嶋之賊船一　抽《ぬきんじて》　合戦之《の》忠候之時　兼重同押二寄于彼所一致二合戦一　令二焼払一賊船候之《の》条　令二見知一候畢」

これで戦いは終わった。残りは捕虜である。田《はたけ》を知る者　工匠　南宋人を捕虜とした記録はあるが、数は極端に少なかった。二千人または数千人規模であった。京都には台風と元軍滅亡の後に勝報も届く。最後の戦いの五日後の事である。

壬生顕衡弘安四年日記抄閏七月十二日

「十二日去夜鎮西飛脚到来云々　蒙古賊皆以滅亡　所レ残二千餘人爲降人由申上云々　冥所助之至　不能□□《左右》事也」

『勘仲記』はその二日後である。

閏七月十四日

「丁丑‥‥自《より》二宰府一飛脚到来　去朔日大風□《吹》賊船多漂没云々　誅戮《ちょうりく》并生虜《せいりょ》数千人　臺岐對島雖二一艘一無レ之所二下居一異賊多以て殞レ命　或又被生虜一‥‥」

下居する所の異賊以て命を殞《おと》し或いは又生虜《せいりょ》とさる　と多くは鷹島と博多で斬首されたと思われる。言葉も判らない者を奴隷奴卑にしたら逆に命が危なかろう。監視の為に人手も割かねばならないから手間も取られる。二万も三万も生かしてはおけなかったのである。楚漢戦争前鉅鹿《きょろく》の戦いで秦軍に勝った項羽は二十万人の捕虜を得たが、充分喰わせられないので生虜が不満を表し始めると英布に命じて虐殺し埋めた。自軍より生虜の方が多かったからでもある。今でもその地から人骨が出て来るとテレビで見た事を思い出して了った。

またフビライにとっては反乱の核になる北宗・南宋捕虜を日本に送って始末させた事になり、モンゴル人にとっては痛みは小さかったのではないだろうか。モンゴル人の死は悼んではいたろうが‥‥。

閏七月廿一日には鎌倉幕府から残り無く誅了《ちゅうおわ》んぬの由　と朝廷に報告があった。

壬生顕衡官務家日記弘安四年抄

「閏七月廿一日‥‥自関東差遣鎮西使者両人　今日上洛　異國賊　無レ残誅了之《の》由申《しあぐ》云々実説《か》猶可レ尋レ之」

二度の元寇は終わったがこれで終わり　とは日本もフビライも思ってはいなかった。再征計画は治まったと思えば又蒸し返されるが、フビライの死を以て再々征話は浮上しなくなる。

さて我が松浦党がどこで戦ったものかの記録は無かった。恩賞を受けた確実な史料の在る者は山代栄(山代文書　神埼庄十町　正応二・三・十二)青方家方(覚念か)青方文書　神埼三町屋敷と畠地　正応二・三・十二)白

魚行覚（青方文書　筑後三潴庄是友名内　田畠荒野　嘉元三・四・六）斑島又太郎某（弘安九・閏十二・二八神埼配分残十町）の四人のみであった。他肥前では深堀時光と時仲、藤津郡の大村家信である（『長崎県の歴史』瀬野精一郎）。

＊紐差四郎は遺跡に正応五・十二・一後日支給約束状、石志壱も正安九・十・八豊後内某所と譲り状記載のみである。

日本人は奴隷制度に慣れていなかった。細々と隠れていた者や官卑が高麗に逃げ還っている。三人耳《のみ》と記された元史新元史の之久　莫青　呉萬五と新元史の于閭の他に哈刺《ハラダ》の話もあった。（計五人が還った）

元史列傳哈刺

「一八年擢輔國上將軍　都元帥従國兵征日本　値二颶風一舟回　明年二月還レ戍二慶元一」（六ヶ月かかっている）

高麗史翌年既出　六月一日の聴ら、八月九日の蠻軍五人が記録に表れた逃亡成功者である。昔白村江の戦いで捕虜になった日本兵が年を経てポツンポツンと還ってきた事を思い出した。

フビライは再々征を思い立つと兵士に水練を施し海上戦の訓練をさせたそうである。又元軍の損害数を計算してみる積もりであったが中止した。張成墓碑で上百戸でも引率したのが八十六名だった事を思い出したからである。示強の兵法ではあるが数を誤魔化し給料を盗んでいる　と思ったからでもある。気力が戻ったら挑戦してみたい。マルコポーロの話は真実味が無かったので省略したが　一つだけ実話と思われる一節が有った。この話は壱岐である。「蒙古軍が占領した城は壱岐一つだけであった。この唯一の守兵は最後迄降参しなかったので　土地の全住民を殺した」とあった。住民は樋詰城に入り手伝ったのであろう。

最後に死ぬ迄元に背を向けた宋遺臣　鄭思肖の「心中大義」には

「倭人狼　不レ懼レ死　十人遇百人亦戦　不勝倶死　亦為倭王主所殺
倭婦甚裂不可犯‥‥倭刀極利　地高嶮難入　可為戦守計」

とある。倭人は狼　十人が百人に遇っても亦戦い　勝たずば倶に死す　亦倭王主の殺す所と為る　倭婦甚だ裂にして犯す可からず‥‥。

平成二十七年八月廿九日（弘安の役から七三四年後となる）

二十八年一月七日　完

参考文献・まとめ

『蒙古襲来』服部英雄　山川出版社　二〇一五
『松浦党研究』第三号・第六号　青木隆 氏　寄稿文
古賀稔康『松浦党研究』第五号「元寇弖日史」
東洋文庫『元寇の新研究』一九三一　池内　宏
フリー百科事典 ウィキペディア「元寇」より
○『高麗史』「高麗史節要」○『元史』王惲編「汎海小録」鄭思肖『心史』
『新元史』『元史本紀』「新羅本紀」○マルコポーロ『東方見聞録』
○「五代帝王物語亀山院」塙 保己一 編『郡書類従』
『肥後小代文書』及び『薩摩二階堂文書』『薩摩比志島文書』
『帝王編年記』橘守部旧蔵「八幡蒙古ノ記」八幡筑紫家蔵「八幡大菩薩愚童訓」
『肥前松浦家文書』「少弐資能施行状」「斉藤文書　御旧判控」
「日蓮書状　高祖遺文録」「日蓮註画讃」
「石志文書源兼譲状案」『有浦文書』「関東裁許状」「一代要記」
「福田文書　福田兼重申状写」「筑前右田家文書　大友頼泰書下案」
「福田文書　平国澄起請文写」

「日田永基記」「財津氏系図」「宇都宮系図」「深堀系図」証文記録
「都甲惟親文書大友頼泰勘状」　大神惟親軍忠状　「肥前武雄神社文書」
僧日朝書「朝師書所見聞　安国論私抄」
竹崎季長「蒙古襲来絵詞」「予章記」
「武藤系図」「歴代綱紀」「皇代記」「龍造寺系図」「肥前龍造寺文書」
○広橋兼仲「勘仲記」「関東評定衆傳」○「鎌倉年代記裏書」「壬生官務家日記抄」
「朝師御書見聞　安国論私抄　第一蒙古詞事」一九二一『歴代皇紀』
『鎌倉遺文』武内理三編「続史料大成別巻　鎌倉年代記　武家年代記」
『鎌倉大日記』武内理三編　臨川書店　一九七九年九月増補版
○「皇元故敦武校尉管軍上百戸張成墓碑銘」

平成佐世保『田舎廻』7 ― 佐世保村

佐世保松浦党研究会

平川定美　今川和子　藤沢静江
寳亀道聡　福田ムツミ　手島イツ
豊島幸子　松永武保　松永泰子
島内靖彦　澤　正明　角崎正則

（『田舎廻』解読）豊島幸子

はじめに

佐世保松浦党研究会では、共同研究として平戸松浦藩の古文書『田舎廻』に記録された神社仏閣御堂等が、現在どのような様子で残され、また変化してきたかを記録してきた。

『田舎廻』は、平戸藩が寛政の頃、『松浦家世伝』編集のため、平戸城下以外に残る神社・石祠・仏閣・御堂などを現地で見聞し、ありのままを記録したものである。

既に早岐村、中里村、皆瀬村、大野村、山口村については前号までに報告した。今回藩政時代は彼杵郡に属した旧佐世保市の中心部の調査である。旧佐世保村は佐世保川流域の狭い平地の市街地と、それを囲む急峻な階段状の住宅地からなる。佐世保湾に面する俵が浦半島の付け根の庵ノ浦は、古くは日宇村に属していた。

日宇村との境界は戸尾町など佐世保川河口で、佐世保村の中心は里と呼ばれた地域で、亀山八幡宮や佐世保浦など、元町・浜田町より上流のあたりであった。

今回の調査は、太平洋戦争末期の空襲で全焼した地区も含まれていて、寺社の移動や消滅も多かった。また都市化で地域社会が疎遠になり御堂が少なくなった一方、寺院が多くなった。新しい寺院は調査の対象外とした。調査は会員三人ずつの四グループを組織し、駐車場が取れないので徒歩で移動・調査した。

編集の仕方は『松浦党研究』第四十号に準じ、次の要領で記述した。

- 『田舎廻』原文は、読み下し文に直し楷書で「……」と表記した。原文中梁札は文列が長く、文列がどこにつながるか理解できなくなるので、行を変更したり、省略したりした。省略部分は「……省略……」とした。
- 『田舎廻』原文には記述があって、現在消滅したり、居所が確定できなかった寺社は田舎廻の原文だけを表記した。
- 佐世保村の神社・寺院の番号は『田舎廻り』の記述番とし、①~⑩は「神社相糺し候書付」、⑪~㉘は「寺院並びに辻堂相糺し候書付」とした。それぞれの所在地は地図の番号で示し、確定できなかったものは欠番とした。

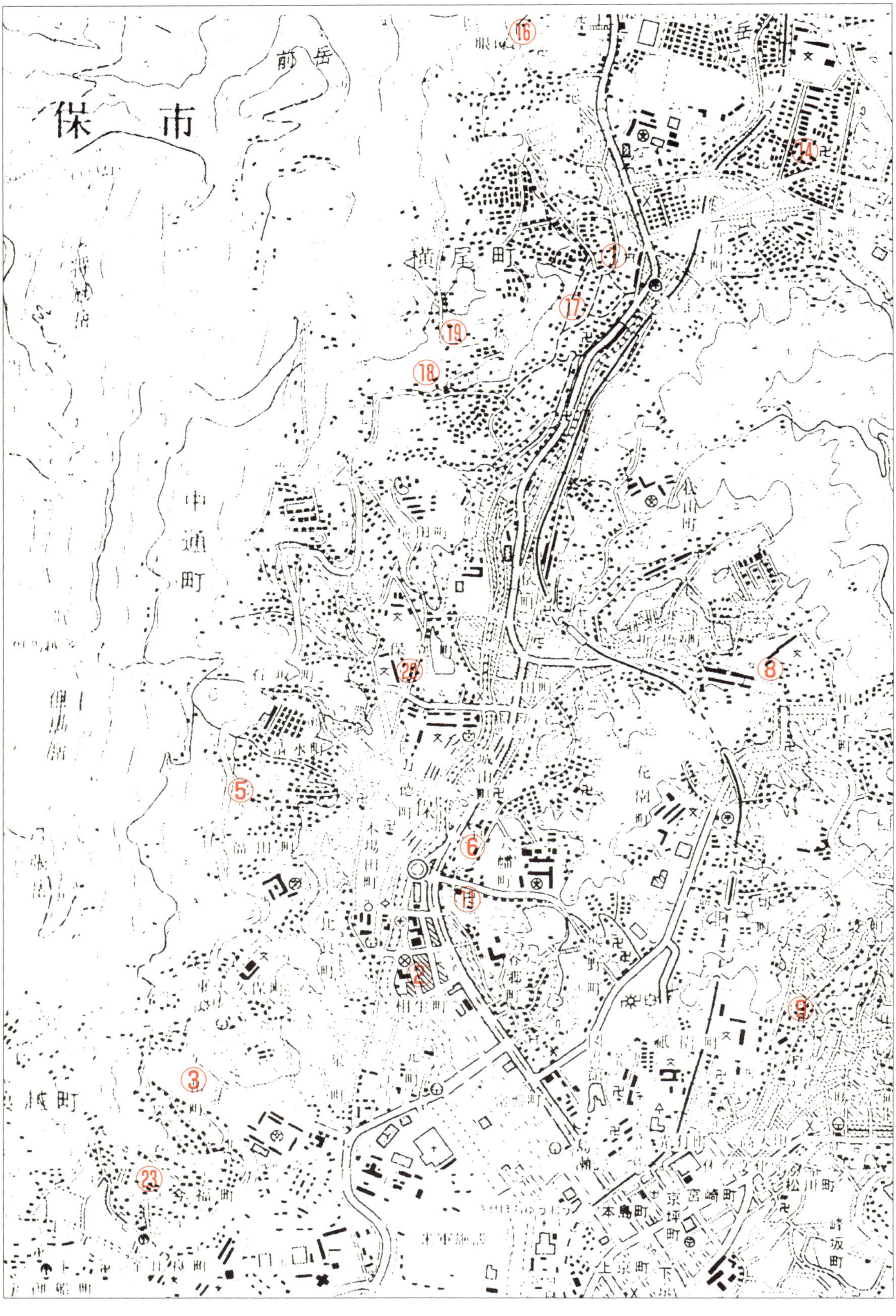
保　市
前岳
横尾町
中通町
本島町
京
宮崎町
坪町
松川町
上京町
相生町
16
14
7
17
19
18
8
20
5
6
2
9
3
23

『田舎廻』佐世保村神社寺院辻堂等名称

番号	田舎廻で所在地　名称	現在の名称	その他
1	横尾　春日大明神	春日神社	
2	里ノ田中　天満宮	天満宮	
3	里ノ矢岳　矢岳大明神	矢岳神社	
4	赤崎　弁　天	赤崎神社	
5	ふくて田　熊野権現	福田神社	
6	里　八幡宮	亀山八幡宮	
7	庵ノ浦　大龍王	綿津美神社	
8	小佐世保名切熊野権現	熊野神社	移動
9	小佐世保　高天大明神	須佐神社	合祀
10	庵ノ浦　鎮守大明神	鎮守神社	移動
11	佐世保村　西方寺	西方寺	
12	をり橋　阿弥陀仏		不明
13	赤木ノ田代　釈迦堂	釈迦堂	
14	山中　観音堂	観音堂	
15	山中　薬師堂		不明
16	境木　観音堂	観音堂	
17	横尾　薬師堂	薬師堂	
18	横尾　阿弥陀堂	阿弥陀堂	
19	横尾　地蔵堂	地蔵堂	
20	中通り　徳蔵寺　観音堂	遠藤但馬守菩提寺	
21	（中通り）　薬師堂	（万徳寺）	寺院跡不明
22	里　仙宗庵		不明
23	今福　地蔵堂	地蔵堂	
24	赤崎　観音堂		不分明
25	庵ノ浦　観音堂	観音堂	
26	名切　観音堂		不明
27	小佐世保　観音堂	観音堂	
28	岩屋妙見の麓　阿弥陀堂		不明

赤崎町、赤崎岳

庵浦町、庵の浦

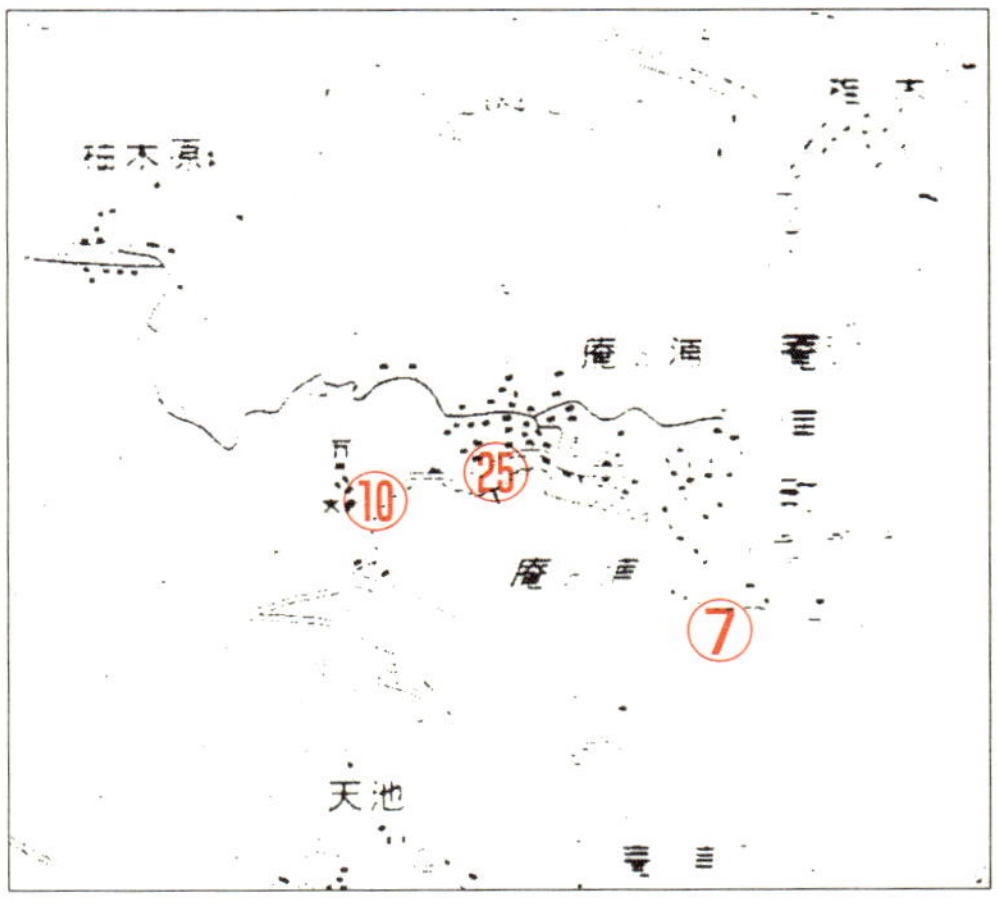

烏帽子岳、田代町

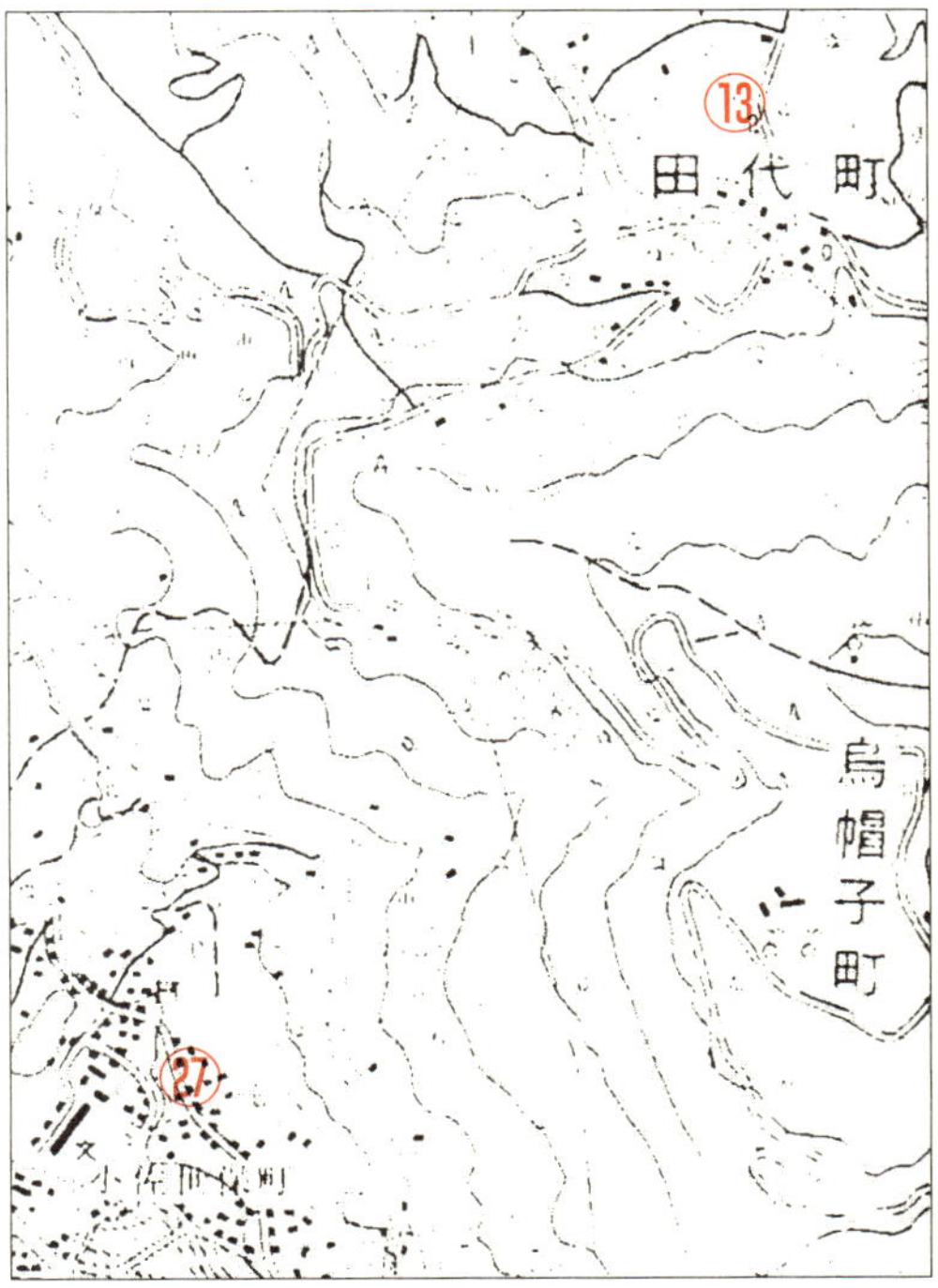

佐世保村神社相糺候書付（『田舎廻』十三　原文解読）

①　**横尾　春日大明神**

一石の鳥居、石燈籠あり　共に新物
一唐金鰐口壱つ　新物
一左右随身有り　無銘
一神体
　木造弐躰有り、但壱体は古物、壱体新　共に無銘也
一神体造立の札
奉宝納尊躰一像　大旦那松浦肥前守　源誠信公
　宝暦十三癸未天　九月吉祥日
　　祠官金子斉記　藤原正祥
　　施主　赤木村加藤新助
　　代官　古川鹿右衛門
　　庄屋　田代徳兵衛
　　初頭　幸右衛門
　　同　　武右衛門
一梁札
奉再建宝殿一宇　大旦那松浦肥前守　源誠信公
　干時寛延二己巳天　九月吉祥日
　　祠官　金子淡路　藤原正近
　　施主　吉田吉右衛門
　　　　太田崎右衛門
　　代官　鴨川嘉兵衛
奉再興宝殿
　　庄屋　鴨川林右衛門
　　施主　山中村　沖之助
　　初頭　幸右衛門
　　同　　伝五兵衛
春日大明神　再奉建拝殿一宇　大旦那松浦壱岐守源成公
　　肥前国松浦郡佐世保
安永七戊戌天　九月吉祥日
　　神官　金子淡路
　　郡代　依藤半内
　　代官　岡野平蔵
　……省略……

現在の名称　春日神社
現在の所在地　昔の呼称は横尾の春日大明神であり、現在と同じ。
現在住所　佐世保市春日町十五ノ三十八
・御神体　主神　天児屋根命　副神　素戔鳴尊　保食神
・由緒及び現況
創　建　天禄元年（九七〇）　再建　天文一〇年（一五四一）
千年祭　昭和四十二年（一九六七）に行われた。

かつては、山中堂を最西端とする大村領であったため、自領の境界に守護神として藤原氏の祖神である天児屋根命を、この地に鎮座したと言われている。江戸時代は平戸領で村の鎮守として祀られていたが、大村藩主からも祭日の九月十九日には代拝が行われていた。現在の祭礼日は十月二十三日である。

拝殿の天井画を西海高校美術部の生徒が描いている。後世に残る力作と感謝され、部員たちにとっても大変名誉なことである。

春日神社

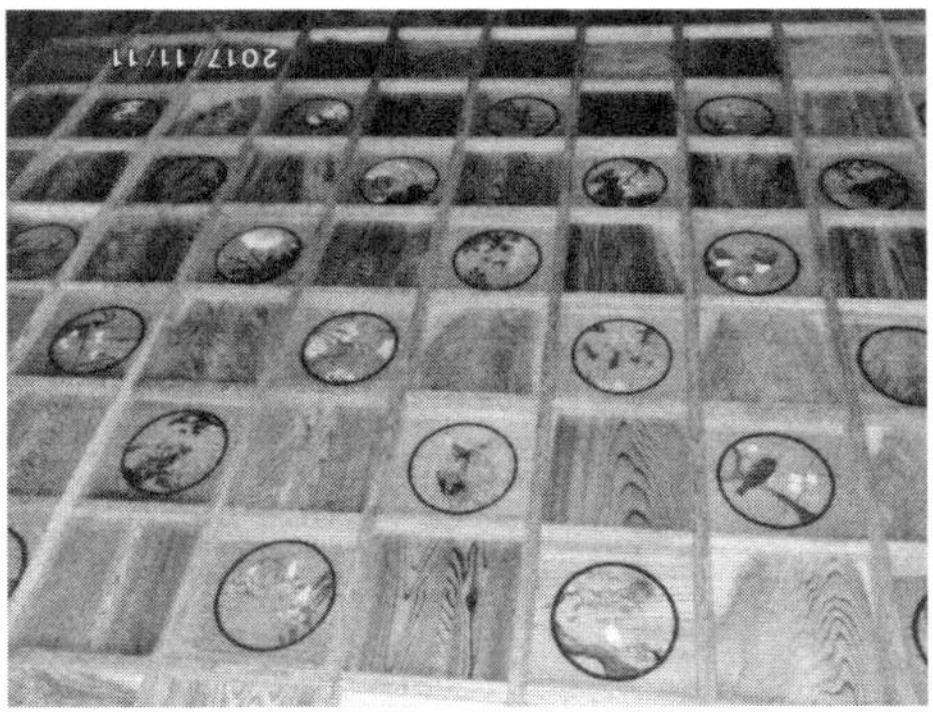

西海学園高校美術部員による拝殿の天井絵

春日神社の境内には、境内神として恵比寿神社と稲荷神社が勧請されており、それぞれに木の鳥居が建立され、お祭りが行われている。

天満町パーク駐車場の石祠

② 里ノ田中　天満宮

一石の鳥居、石燈籠あり　新物
一唐金鰐口壱ツ、鉄鰐口壱ツ
　共新物
一神体　木造壱体　新物

現在名　天満宮(天満町二一二五)
町名天満町のおこりで、現在は古賀文具店等と同じ並びのビル街の駐車場「天満パーク」の一画で石祠として残っている。

石祠は陶磁器店を営んでいた丸田家の寄贈によるものであり、昭和四十一年建立である。明治十九年佐世保市街地区画予定図や昭和十五年市街地図には、西方寺と御幸橋を結ぶ狭い直線道路のほぼ中央に、この天満宮が記載されている。

昭和二十年の大空襲まで、市内でも有数の油屋旅館と狭い道路を隔てて、この天満宮が楠の大木を広げていたそうである。毎月二十五日の例祭では、多くのお詣りがあったという。

③ 里の矢岳　矢岳大明神　唯一

一神体鏡、石体　無銘

現在名　矢岳神社
矢岳バス停下車、弓張岳側右手へ八十メートルも入ると、児童公園にも機能している境内の奥に、よく手入れされたこじんまりした社がある。

境内は児童公園に

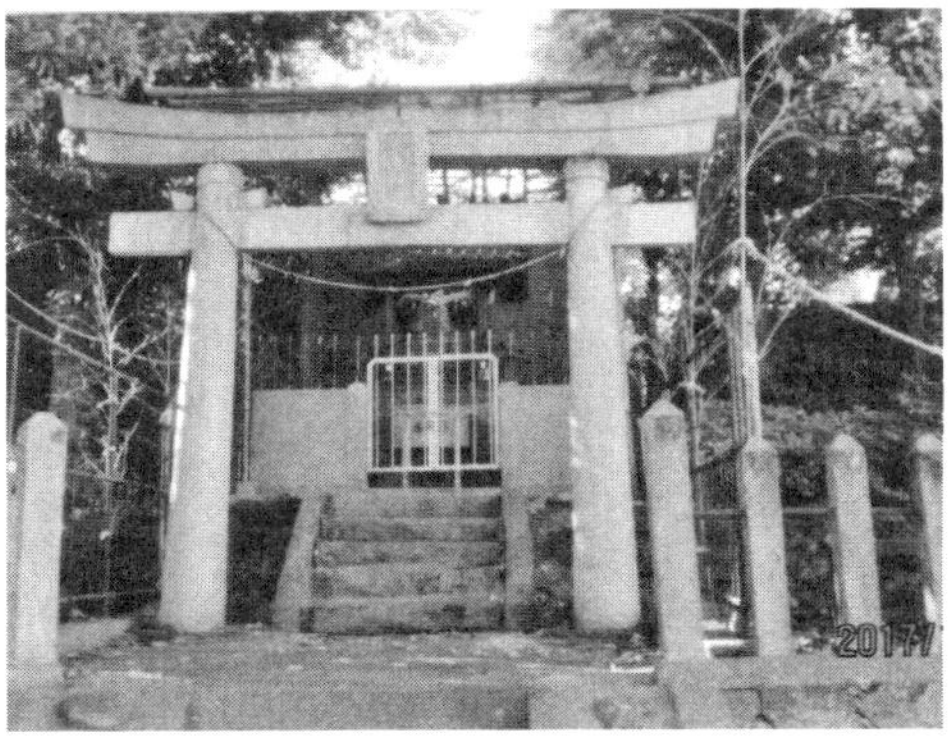

矢岳神社

社殿は垣根で囲われ、まだ正月飾りも残されている。その左手は山桃等の古木が社殿をガードしている。

・境内には昭和十五年正月吉日銘の鳥居と、昭和三年御大典記念の手水鉢がひっそりと佇む。

・『平戸藩史考』に矢岳神社の興味に富む伝説として、次の話が記載されている。

「今から五〇〇年前、時の領主松浦侯が蛇島に棲む二匹の大蛇を退治すべく、家臣四十人を差し向けた時、今の上矢岳で馬の鞍を下ろし、所持の矢では心細いとあって付近に生い茂る竹を切って矢を作り、弓張岳から矢を放ち大蛇を射たが、その生死が判然としなかった。その後松浦侯はその竹山の中に神を祀らねばと祠を設けたのがそれである」

今も、弓張・矢岳・鞍置の地名がのこっている。

④赤崎　弁天　唯一

一石ノ保古良　神躰白幣

祠官町田若狭曰、当祠は山伏の霊を祭りし由
其訳は此赤崎と申処は、赤崎伊予守と申候人居
住の由、其時分乱世ニ而所々浦々海賊往行し
乱暴せし由、兼而海賊の可来事知而海中
に大石を並べ、潮満時は船の進退自由成れど
も、潮干時は船進退不自由如くいたし被置候
処、海賊の者共其謀計を不知、賊海乗込被
相戦候中、潮少々干落候、其節海賊共船に乗
り逃んといたし候得共、右の捨石に障り船進
退不相成周章候、そこを見切られ悉くき
り殺され候由、然るに右海賊船山伏壱人
乗居候由、山伏伊予守に向て申候は、元より
海賊ニ而は全く無之旨、再三命を助ん事
乞ひ候得共、伊予守大に怒て海賊と同船す、た
とひ同類に不有といへども、山伏の身として
盗賊と同船に乗る処、一命を助くべき
理なしとて、自身ずたずたに被切候由、其後
祟り有之、右山伏の霊を祭り、弁天と
あがめし由承り伝ふと云々、(按に瀧川氏慶寛覚書曰)
津々浦々乱暴の海賊数十人船にて来候を、前謀計
を以、大潮に可乗込と間者を入、其用意に右屋敷
前の浦口の所々海中に大石をならべ置、其訳
を不知海賊乗り込候を防ぎ戦候内に、潮少々干
落候、其節海賊船に乗り逃んといたし候得共、右捨
石に障り、船乗出し候事不相成候而、不残致
討死候、右の死骸を其沖地嶋と申に埋メ墓を
築置候に、今其墓有之、拙者も一両度見申候
右海賊の内に山伏壱人有之候、海賊同類ニ而無之
候、其辺為見物参候下ノ関弁財天を守候山伏に候、
助ケくれ候様達而申候得共不聞入、致殺害候、其後
故有之候而、右山伏を弁財天に勧請候由、赤崎屋
敷の艮(北東)ノ方に弁天山に今有之、古来の赤松有之と云々
又曰、赤崎の弁天中通りに移り候節、屋敷上に勧
請いたしに今有之候、則右の風呂の川の上手
の山中ニ而御座候、只今は赤崎家来筋の者、百姓

に成居申候者の請山内ニ而御座候、右家来筋の百
姓木ノ下苗字にて御座候、兄弟の内壱人、二十年
程跡人代を指出し、拙者家来にいたし候而居申候
赤崎弁天山は右の勧請の跡ニ而御座候、其後村中
より弁天を勧請いたし候得共、山は拙者支配の
山故弁天ほこらは右の山下の磯辺に有之候事

（赤崎伊予守と赤崎岳）

佐世保港の西岸、俵が浦半島の付け根に、お椀を伏せたように突っ立った山がある。赤崎岳で標高二四〇メートル、頂上付近は大石が横たわり、山頂に愛宕神の祠が祀られている。赤崎伊予守が一五六〇年ごろ、赤崎の海岸に奉祀していた山祇神社をこの地に遷し、山頂の愛宕神と境内の大山積命の二柱を祀っているのが愛宕神社である。

山の中腹、西側の肩の地に赤崎伊予守の城跡（舘か）の石積、奥の方には石塁に囲われた場所がある。愛宕神社の下方の海岸に至る一帯は「やしきんだ」と呼ばれ、「滝川慶寛覚書」によれば、赤崎伊予は佐世保の地侍で、赤崎に屋敷を構え、その前の船着き場を屋敷の前と呼ぶと記述されている。この付近に家臣たちの屋敷が並んでいたのだろう、屋敷谷には各所に五輪塔や宝篋印塔が残されている。石塔の中には西彼杵半島産の緑泥片岩製の物もある。

（赤崎伊予守と遠藤但馬守）

佐世保の戦国史を彩る武将の一人、赤崎伊予守は佐世保川を挟んで北側の中通り（花栗）に居城を移していた。永禄六年（一五六三）の平戸松浦隆信（道可）の宗家松浦の飯盛城攻めの時、赤崎伊予は平戸方の軍勢として出陣したと「壺陽録」は記している。飯盛城攻め以後、佐世保では遠藤但馬守が、勢力を強めたと思われる。

赤崎海岸の石仏

赤崎海岸の山祇神社は明治34年、海軍用地となり、愛宕神社に遷される

中通り（清水町）風呂の川へ

元亀三年（一五七二）、但馬守が龍造寺に内通したことを知った但馬守の娘婿赤崎伊予守は、このことを憂い、秘かに但馬守を諌めたが、留めることはできず、平戸側に通告した。但馬守方親子は悉く打ち取られたと、印山記に記してある。

近辺の村人は誅殺された但馬守を神として祀り、一方赤崎伊予は岳父を誅殺する側に廻ったからか、人気がなかったようで、晩年は皆瀬の小河内に隠棲した。

以後、赤崎伊予一族は舘を赤崎から中通りに移した。西方寺が伊予守の菩提寺であり、同寺は赤崎伊予守が開山したとされている。赤崎にあった帰一庵が前身で、後に東陽山西方寺として開山したと寺伝にある。

現在、清水町バス停から細い坂道を登ると、左手の山中に赤崎家の墓が祀られている。その登り路付近が「風呂の川」と呼ばれる館跡だとされる。しかし弁天様の石の祠は見ることはできなかった。

⑤ ふくて田　熊野権現

一神躰　白幣
一別当伝性院曰、当社は元禄より三十年前の
　勧請の由承伝ふと云々
一梁札
　奉再建熊野三所大権現　国家安全当村堅剛祈処
　安永五丙申天　十二月吉祥日
　　佐世保村別当
　　伝性院六世快賀
　代官　岡野平蔵
　庄屋　北村勝兵衛
　施主　大野善之丞
　初頭　弥五左衛門
　大工　金左衛門

現在名　福田神社

• 市バス鵜渡越線の大久保小学校上より右折した片道一車線の新道を北に進み、福田町と清水町境付近で下車。市街地を俯瞰しながら山道を僅か下ると、新築で赤屋根の「熊野大権現」の小さな額のかかった社殿が目を引く。
• 社殿の裏手には、古い石祠が並び、新しい社殿まえの階段下古鳥居には「新皇軍　武運長久　昭和十三年」の銘がある。この鳥居には福田神社の額が付けられている。
• 地名の福田は「仏具田」から来たものであろう。

新築の熊野大権現

鳥居は福田神社

・『田舎廻り』によれば、この熊野権現は両部別当山伏伝性院とあり、裏手には石祠四基と石仏二基が並んでいる。伝性院は西方寺の末寺であり、熊野権現は、元禄より三十年前に勧請の由承り伝える、とある。

⑥里　八幡宮　唯一

一神躰　木像
一神躰寄進札
(1)亀山八幡太神宮　奉寄進御神躰　松浦肥前守誠信公
御子孫栄久郷中安全五石成就
神官　町田斎宮祇栄
郡代　片山仙左衛門
代官　後藤貞左衛門
庄屋　施主　田代徳兵衛
裏　御神躰并振鈴　佐世保村氏子中
(2)奉再建御神躰　太守松浦壱岐守源朝臣清公
天明七丁未歳三月吉日
祠官　町田斎宮　藤原祇栄
郡代　松山城之進
代官　城徳左衛門
願主　福谷作兵衛
冨田四郎左衛門
徳住忠八
池田弥三太
産子中
一同殿に若宮（仁徳天皇）保食神の弐神保古良有り

一白鞘の刀壱本、中心に銘有り、助の一字みへて其余の文字不分明、
刃にも銘有り、左之如し
……省略……
一鉄の鉾弐本、銘有り
慶長二年丁酉二月吉日
一征矢弐本有り
祠官町田若狭曰、右の鉾并に征矢は法印様御奉納の由承伝ふと云々
九州肥前下松浦郡亀山鎮座
神功皇后
応神天皇
玉依姫命
文永元甲子季　八月十五日記之
……銘文及び平戸松浦氏系図省略……
祠官町田若狭曰、右の札は元は紙に書記有之由に候処、紙にて損じ易き故、今の如木の札に記候段承伝ふと云々
一唐金鰐口　新物
一梁札
(1)亀山八幡大神宮　奉建立拝殿一宇
松浦肥前守源朝臣誠信公
宝暦八戊寅歳　九月神吉日
肥前国下松浦郡佐世保村
神官　町田斎宮藤原祇栄

（裏）

郡代　片山半左衛門　　庄屋　郷田儀右衛門
代官　七種右平太　　町年寄　浜崎七郎左衛門
山目付　吉田吉右衛門　　浜史　荒木仁右衛門
浦目付　郷田十之右衛門

……省略……

(2)八幡太神宮　奉建立宝殿上屋一宇
香椎大神宮　大旦那松浦肥前守源朝臣誠信公
若宮大神宮
宝暦十二壬午天　九月吉祥日
肥前国下松浦郡佐世保邑
神官　町田斎宮　藤原祇栄
郡代　片山仙左衛門
代官　後藤貞左衛門
庄屋　田代徳兵衛

（裏）

山目付　吉田吉右衛門
浦役　浜崎七郎右衛門
同　同　賎之丞
浜史　荒木勘左衛門
山守　松瀬安之丞

……省略……

(3)八幡宮　奉再建宝殿太守　松浦壱岐守源朝臣清公
当浦嶋先年御潮任先例御幸有之

立石大内蔵　祠官中相勤者也
天明五乙巳天　十二月十六日
肥前国彼杵郡佐世保
祠官　町田斎宮
正六位下　臣橘祇芳謹書
郡代　松山城之進　　庄屋　福谷作兵衛
代官　城野左衛門　　浦役　冨田四郎右衛門
浜崎六郎右衛門
浜崎亀右衛門

……省略……

(4)八幡太神宮　奉再建拝殿一宇　太守松浦壱岐守源朝臣清公
寛政十戊午歳十二月吉日
郡代　沢村弥三兵衛　　初頭　辰之助
代官　里森丈兵衛　　観助
庄屋　富川和太郎　　政之丞
才料　田代金平治　　森助
松右衛門
大工　□右衛門
小工　平八

(5)奉寄進八幡大神宮　梵鐘　佐世保村……（滅字）
正徳二歳辰天　吉祥日
神主
代官　中倉武兵衛
庄屋　谷本十郎兵衛
初頭　六之助

升取　　与兵衛
この札は滅字多く、今何品寄進ありし札成事不分明
一祠官町田若狭当仕之旧記壱刷蔵す
左之如し
……省略……
一祭所　神明　東　仁徳天皇
右殿　仲哀天皇
中殿　誉田別尊　　神明五座也
左殿　神功皇后
西波　若宮大明神
右五社太神　古来ヨリ同殿奉斎也
……省略……
一嵯峨天皇　弘仁十四年八月十五日在
勅命御神躰一像奉安置と云々
右御神躰高さ八寸御着座の
木像ニ而誠に古き御神躰也
……以下省略……
一当社の儀は……省略……永禄六年乱の刻、松浦隆信様当社え御社参有りて御出陣、御武運長久御押領、御神領遊ばされ、御矢二手、当社え御奉納有り今に宝殿在中す、右御矢　鳥の舌、カリマタ、矢の根計に宝物ニ有り
一松浦鎮信様　文禄年中征朝鮮、御神前に於て御祈願遊ばされる
……省略……
慶長二丙酉二月御建立遊ばされると有り、則御奉納遊ばされる鉾二本神前在中此の鉾長さ一尺八寸、柄五尺、鉾に慶長二丙酉二月吉日、文と鉾在り
一当社代々御崇敬遊ばされ、宝拝殿有り、御建立天正元年より再建にて同二年甲戌二月八日正遷有り、旧記に有り
今の宝殿は是也と申す、宝殿板屋根、鬼□　三星の御紋有り
拝殿元禄十四年ニ氏子中再建ス
一定祭九月九日同七日より当所、川口中嶋と申す所奉移神輿と云々
右神幸寛文年中迄は有之、其の後中絶
御旅所の古跡今に有り、左に記す
一川口中嶋　同昔時八幡宮神輿御旅所云、神幸相止む以後此の所、祭日注連　引き諸人潮井場也、今浜崎七郎右衛門新たに相成り土肥となり、諸人牛馬往来所となり
一鞍懸石　同所小崎と申処に有り、高さ五尺、横三尺八寸の石也、祭日は注連引き来る古跡也
一牛石神　同所川尻にあり、高さ四尺、長さ七尺大石也、色黒く牛の形によく似たり、祭日注連曳引き、右新田となり
一馬石神　同所色赤く臥体也、祭日注連曳来たり、右新田となり
一拝殿渕　右同所牛石神、馬石神両神の拝殿渕也、此の所にて神酒御供え祭る所、今是を□□という、右新田となり
一御番碇　右同所応天皇奉供神、此の所にて御番ありと申す所
右新田となり　右の通り末社、古跡只今新田に相成り申、或いは田となり或いは川となり至ってソマツに相成り申す
一当社代々御崇敬遊ばされ、社領地方弐拾石御寄付遊ばさる旨、旧記に有り、佐世保中所々有り、私先祖訳有って当社神職被仰付、分地弐拾石下置かれ旨、旧記にあり、雖然明暦二年召上げらると云々
一今定祭九月九日、毎年御代参御勤成られ、上より米壱斗五升弐合祭

米として御寄付あり
一同所妙見宮祭所神三座
大巳貴尊
中殿　素戔嗚尊
事代主命
今定祭九月九日、毎年御代参御勤成られ、上より米六升弐合御寄付あり
宝拝殿岩屋入、五間半、横三間古所なり
一鎮信様御社参遊ばされ候
一同所高天大明神七座
高天原の尊神
天神七代の大神也
定祭九月廿八日祭米として上より六升弐合御寄付あり
一先規下置れる社領、佐世保所々ニ而寄付有、旧記書留荒増記□
中通り徳□せん田　　折橋免桐木
一弐拾歩　　一壱畝拾歩
高壱斗三升　　高弐斗四升四合
中通免清水前　　橋ノ本
一六畝十歩　　一一反七畝八歩
高壱石弐斗八合　　高三石一斗壱升
同所　　赤崎米壱斗田
一九畝拾歩　　一弐畝拾歩
高壱石壱斗　　高五升五合
折橋免桐木　　中通り免笠あけ

一壱畝拾壱歩　　一壱畝畝拾三歩
高弐斗四升四合　　高壱斗九升七合
同所宮田八幡　　同宮殿処
一三反四畝一歩　　一三畝拾壱歩
高弐石八升弐合　　高九斗四升
堀川　　同所
一四畝四歩　　一四畝四歩
高三斗五升三勺　　高五斗七升」
〆先年八幡宮社領分
祠官　町田右京分
……以下十三件省略……
右の通佐世保村所々ニ而被仰付置候
……四行省略……
右旧記古来よりの書付御座候ニ付、此の節荒々写指上申候
八幡宮祠官　町田斎宮写之
寛延元戊辰十月日
一祠官町田若狭書付壱枚蔵す、全体反故と謂ふべきものにして、今写すべきものにあらず、しかれども遠藤但馬守と有るを以て今玆に写て後考に備ふ
文永甲子
文永元甲子年　二月吉日佐世保村亀山遷賜
慶安二乙丑　八月十五日　拝殿一宇
天正二年丙　八月宝殿一宇　大施主　遠藤但馬守
此弟高野尼三人来る盗取前之田中□□
慶長二年丙丁　不得行事其間□□

……省略……

天正二丙年二月遠藤但馬守、当所之武士大願により宝殿一宇、其後地方社領召上げられ、御祭礼米壱斗五升弐合、御代参早岐押衆御勤事、慶安二乙丑年八月十五日拝殿一宇、源鎮信公

現住の鎮座地　佐世保市八幡町三番二号

現在名　亀山八幡宮

・御本社　五柱

応神天皇　仲哀天皇　神功皇后　仁徳天皇　保食の神

・末社　七柱

鎮守神社　事代主神社　亀山稲荷神社　山ずみ神社

大神社　幸神社　亀山祖霊社

・由緒

八幡神社入口

八幡神社境内

第四十代天武天皇の白鳳四年八月十五日、前方の明かり崎岳（赤崎岳）に御神霊が現れ、「宇佐八幡の神霊西海鎮護のために現れる」とのご神託により、宇佐より御分霊をこの亀岡の地に奉斎したのが始まりである。

後世、朝廷を初め、平戸藩主松浦家の崇敬頗る篤く、藩内は勿論、東彼杵郡四十八浦の総鎮守とされた。

明治二十一年、佐世保海軍鎮守府開庁後は海軍の守護神として崇敬深く、社殿その他の施設年々整備されていった。明治七年村社、昭和三年郷社、同七年縣社となる。

昭和二十年六月大空襲のため灰燼に帰す。昭和三十年より復興に着手し三十八年十月西海唯一の豪壮なご社殿の竣工なり、三十九年十月本殿遷座祭を斎行する。　（『社務所略記』から）

・祭典　おくんち（神幸式）十一月一日・二日・三日

社傳によれば、白鳳年間宇佐八幡の神霊が赤崎岳に現れたのが創立の起源とされている。元寇の頃、宇佐八幡の神霊を亀山の現在地に奉遷したとする。赤崎伊予守等の勢力が赤崎から中通りに移動するのに相応したと思われる。藩政時代になると、松浦氏の崇敬篤く、慶安二年（一六四九）には松浦鎮信が拝殿の再建を奉献している。

『田舎廻り』では、祠官町田若狭守は紙では損じやすいから木の札に記録すると、棟札等も残している。また書付壱枚蔵すとして「全躰反古と謂ふべき物にして、今写すべきものにあらず、然とも遠藤但馬守と有るを以て、今ここに写て後考に備ふ」とし「天正二年（一五七四）八月宝殿一宇　大施主遠藤但馬守」と残している。

鎮守府が設置されると、武の神様だけに陸海軍の崇敬が篤く、境内には戦利品や忠魂碑、村上義信の銅像などが奉献されていた。

昭和二十年佐世保空襲によって神社のほとんどが焼失した。戦後は市民の力で再建された。鳥居、石灯籠、犬狛等の大部分はそれぞれの町内からの寄贈によるものである。

玄関口の狛犬は東大久保町、入り口の第一鳥居は上京町の奉献による。拝殿前の広い境内入口の鳥居は大正六年湊町の寄贈、その階段下の狛犬は大正十一年島瀬町寄贈、石灯籠は大正十四年万徳町寄贈、これだけは空襲焼失を免れたと思われる。大広場の右、東入り口の大鳥居は明治百年記念として下京町が昭和四十三年奉献したものである。肥前鳥居の様式をとったといわれる。

・境内神社　本殿左側　鎮守神社　事代主神社(昭和二十九年)
　十日恵比寿　昭和五十二年　玉屋会長
　田中丸善三郎

・記念碑など
忠魂碑　本殿左　手水奥　海軍大将　伯爵　東郷平八郎

拝　殿

境内神社

・階段横　海軍工廠招魂碑　大正十年(右奥)
消防組記念碑　昭和八年　消防組創設三〇年記念

・児童遊園の碑　大正六年二月、八幡谷尋常小学校の門前で、下校中、佐世保鎮守府司令長官山下源太郎海軍中将の四男四郎君が、海軍予備大尉飯島弘之により惨殺された。山下長官は同年十二月、第一艦隊司令長官に就任し、佐世保を離れた。その際、凶行のあった近くの土地を購入し、児童遊園地として佐世保市に寄贈された。

⑦庵の浦　大龍王　両部別当山伏伝性院

里民曰く、此庵ノ浦は昔は日宇村の枝村也と承り伝ふと云々

一木の鳥居有り
一神躰　石体
一梁札
(1)奉造営龍神天王一宇　別当白嶽山円蔵坊周永謹勧請也
(裏)
天正十四丙戌天六月十八日
日宇庵野浦　初頭　九郎兵衛
(2)奉再建龍神天王一宇　御国家堅剛郷中安穏
明和九壬辰天龍月吉祥日　佐世保庵野浦別当伝性院快賀謹記也
(裏)
郡代　坂為左衛門
代官　原幸左衛門
庄屋　北村勝兵衛
初頭　形右衛門
大工　権次郎

・現在の神社名　綿津美神社（俗称　八大龍王　城さま）
鎮座地　庵浦町字盲田七五四番地
　湾の海岸沿いの景観の良い場所に鎮座してある。
・祭　神　綿津美命・大国主命　石祠二神
・祭　日　十二月初めの卯の日、四月第二日曜日に御講守り
・拝　殿　木造瓦葺平家間口二間・奥行二間
本　殿　石祠造り間口一尺五寸　奥行一尺　銅板屋根葺
・境内神　八大龍王　石ほこら一基　平成八年建立　布袋さま　石像一基
　佐世保市漁業協同組合　庵浦支部　平成十四年六月吉日
・石鳥居　建立年月不詳　その額には「八大龍王」とあり
・石灯籠　二基　奉献庵浦触中　小頭　佐崎只之

庵浦は『田舎廻』の原本にあるように、佐世保湾を挟んだ対岸の日宇村の枝村であった。江戸時代中ごろまでには佐世保村になっている。

綿津美神社の古い鳥居は八大龍王

原本内の梁札二枚はいずれも「竜神天王」一宇再興の記録で、天正十四年では別當白岳山の園蔵坊が勧請し、明和九年では庵浦の別當傳性院快賀がかかわっている。いずれも神仏習合の山伏の努力がみられる。

⑧小佐世保村名切　熊野権現　唯一

一石の鳥居　新物
一神躰　木像壱体　無銘
一梁札

(1)奉再興肥前国彼杵郡　熊野三所権現神社一宇
太守公御武運長久……
（裏）
当村氏神熊野権現、当未年迄小佐世保村え御座なられ、名切村より遠方懸けご祭祀時節社参怠り申候、之に依当村に移し奉りたく公儀え願申上げ、願の通り被仰付、此の所に造営時の社司町田若狭取持二而正徳五年乙未九月三日遷宮奉る
　施主　中田孫七　牟田貞平　……以下省略……

(2)熊野大権現肥前国下松浦郡佐世保
奉建立拝殿一宇　大旦那松浦肥前守源誠信公
当社神官定陶舎藤原祇栄　町田斎宮
宝暦十二壬午天　九月廿六日
　代官　後藤貞左衛門
　庄屋　田代徳兵衛
（裏）
当午年迄四十八年再建也、門替鳥居建立正遷宮、御祭礼近村社家

打寄り施工
中田順左衛門
中田五郎兵衛
……氏名省略……

(3)奉再建熊野大権現宝拝殿　大旦那源朝臣清公
寛政三辛亥暦　九月廿六日
神官　町田若狭
当村氏子中
（裏）
……氏名省略……

現在は熊野神社として、山手町の山手小学校の隣接地に遷宮されている。

太平洋戦争前までは、熊野町七十一番地（現・佐世保空襲慰霊碑附近）に奉祀されていたが、昭和二十年六月、佐世保空襲の戦禍に遭遇して焼失、廃壇したままになっていた。昭和三十一年十月、中田正輔・辻一三・西村朗・中田健治の各氏が発起人となり、翌年、中田家の所有地桃山の一角を無償永代借地として提供され、現在地に熊野神社を復興した。現在、近隣の四ヶ町（山手町・熊野町・花園町・名切町）による「熊野神社奉賛会」を組織して、秋の例大祭として十一月二十三日に宮地嶽神社の司祭の下で、小学校の児童らによる、神輿や旛・幟を担いで盛大な大祭が執り行なわれている。敷地内に、観音立像の石仏も安置されている。

山手小学校脇の現熊野神社

終戦前は現在の空襲慰霊碑附近

現在の熊野神社拝殿と観音像

⑨小佐世保　高天大明神　唯一

一神躰　鏡　台に銘有り
深江安房守源純忠六代　源昌義
一神鏡寄進の札
奉宝納御神鏡一面　深江源昌義
元文五庚申天九月二十八日
（裏）
大旦那松浦肥前守源誠信公御武運長久

当社祠官　町田若狭守　藤原忠義

一梁札

(1)奉再興高天大明神宝拝殿一宇　松浦肥前守源朝臣篤信公

干時宝永七庚寅年九月吉祥日

神主　町田若狭　藤原義忠

代官　中倉楚兵衛

庄屋　川口喜左衛門

初頭　長助

村中　氏子中

(2)高天大明神　奉再建宝拝殿一宇　太守松浦壱岐守源成公

安永八巳亥年十二月六日

祠官　町田斎宮

（裏）

郡代　依藤半内

須佐神社に合祀された高天神社の鳥居と石祠

代官　志師平蔵

庄屋　北村米左衛門

才料　吉次厚右衛門

小佐世保村民

……以下省略……

現在名は高天神社として須佐神社に合祀されている。境内右側に鳥居が建っていて、奥の方に石祠が祀ってある。

明治十九年の佐世保市街地区画予定図『佐世保誌 上巻』（大正四年発行）には小高い森に高天神社として記載されている。明治二十五年頃の地図には旧高天神社と記載されているので、此の頃に移転されたと思われる。その後の地図には、旧高天神社付近は市街地に開発され、要塞司令部（現・体育文化館・コミュニティセンター）となっている。要塞司令部の北側の岩山に高天神社はあったと伝えられ、高天町の由来となっている。

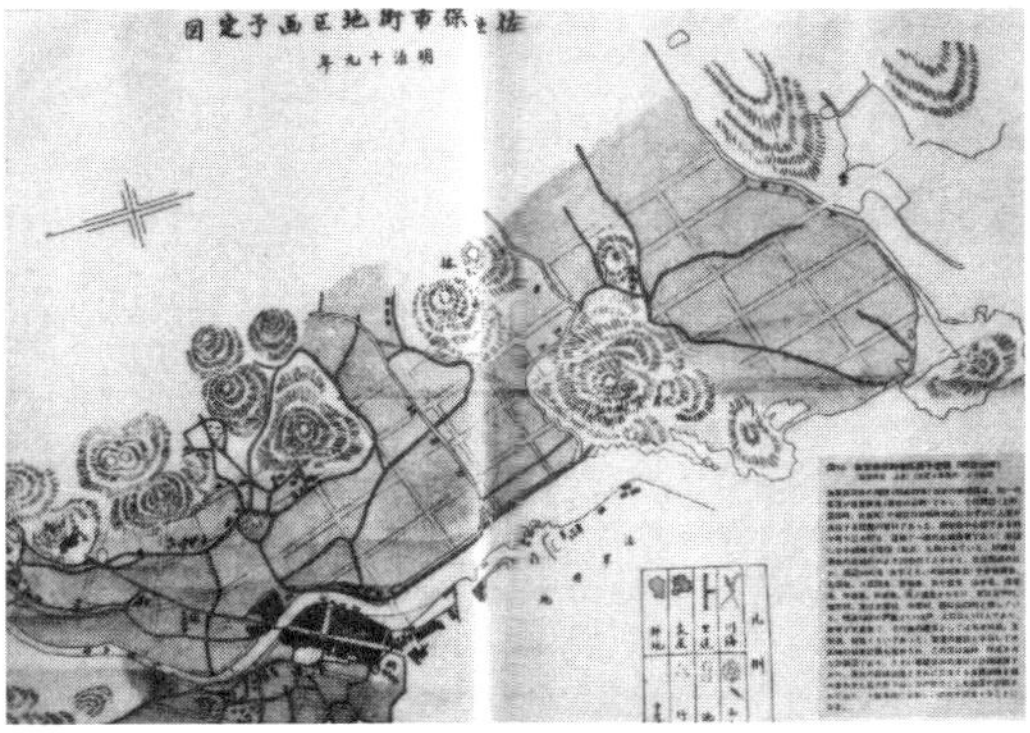

旧高天神社を示す明治19年地図

⑩庵ノ浦　鎮守大明神　唯一

一石の保古良　神躰石

一木の鳥居有り

・現在地　庵浦西　元庵浦小学校裏山

・神社名　鎮守神社（大明神社、浦神様、西の神様）
・祭　神　大国主命　　・祭日　卯の日祭り
・石　祠　一基　　　　・石鳥居一基
・石灯籠　明治六年十一月吉日　石榊立　二基　明治二十一年七月
・石手水鉢一基　大正九年十月
　現鎮座所は昭和三年（一九二八）七月、庵浦小学校改築工事による敷地造成のため現在地に御遷宮になった。
・祭神の由来
鎮守神社がいつから始まったか不明である。昔は日宇村庵浦免中里部落の守り神とされ、村と浦の住人は部落の安全と五穀豊穣をお祈りし、お祀りした。

　庵浦は浦の神さまによって起こり、神様と共に栄えてきた。浦の大明浦神さまは庵浦の始神で、語り継がれた話では、海岸にあった大石を「祭り石」と呼んだ。大昔、その大石に船をつけた人が庵を構えて海で漁をし住まわれた。水田、畑の開拓をする時は、無病息災と五穀豊穣を祈願するため祠を造り、大国主命を祭神とし鎮守の神とした。そして、この時棲んだ庵の名をとってイオリの浦（庵浦）と名付けられた。

　明治になって大明浦神は明治七年、無格社・鎮守神社となる。今でも鳥居には大明浦神とあり、通称浦神さま、大明浦神、西の神様と呼ばれることもある。小学校下付近は宮の前と呼ばれ、地域の鎮守様として崇められている。庵浦町政五十周年事業として、平成十一年に参道の両側に八重桜三十本を記念植樹した。

　現在、庵浦町公民館の管理として、毎年十二月初めに、しめ縄を奉納し、町内各神社の祭礼は公民館で管理運営されている。

庵浦鎮守神社

佐世保村寺院并辻堂相糺候書付

⑪ **佐世保村　西方寺**

一曹洞宗にして相神浦洪徳寺の末寺たり、山号放光と号す、洪徳寺末寺帳に佐世保村放光山西方寺と記すは、すなはち此寺の事也
一本尊　阿弥陀　無銘
一過去帳
・二日
瀧川道半居士　瀧川弥一右衛門　父
・三日
文明元丑三月　当寺開山鳳清大林大和尚
・六日
慶安元年十一月　梅室妙香大姉　瀧川弥一右衛門袋
・八日

延宝庚申八月　当寺開基天栄全尭大和尚　碑銘同じ
・十五日
文亀二壬十戌九月　当寺前住祐金自福和尚　碑銘同じ
・十七日
永禄十二巳六月　当寺前住快長全然和尚　碑銘同じ
・十八日
文禄元壬辰六月　当寺前住桂久万祥和尚　碑銘同じ
万治元戊戌三月　来室浄本居士　赤崎七右衛門　事
・廿三日
弘長二戌九月　当寺開山香林永大和尚　碑銘同じ
・廿五日
宝永四丁亥百年に当ル　賀屋宗慶居士　赤崎伊予守
・廿八日
雲龍院通翁宗流居士　瀧川弥一右衛門父

一鐘　銘有り
銘に曰く
西方浄刹　弥陀宝前　以下略ス
宝永七庚寅年三月吉祥日、当寺現住比丘可隠覚禅願主施主(中略)
鋳物師　肥前国佐賀住、槇善兵衛尉

……省略　十二行……

一梁札
(1)上棟　大旦那松浦棟公として再興　他を略
宝永二巳酉暦四月十八日
寂光山西方禅寺住持再興沙門前永平可隠覚禅代　押印
大肝煎　深江固右衛門
茂山伝之丞
井手善右衛門
……以下省略……
天明二年壬寅四月廿八日、仏殿再興の梁札有り、大壇越領君松浦壱岐守清公と現住当山第十世雷換叟日童と云々、其余は今略す

一雄香院様より以来寺領の御判物有り
(1)本紙竪紙檀紙　高拾五石の事　任先規寄付候付、令可寺納者也
元禄九年正月六日　任　御花押
佐世保村西方寺
(2)当寺領高拾五斛之事　旧規に依り任元禄九年正月廿六日、先判之旨寄付候ニ付、永相違有るべからざるもの也
享保七年四月朔日　篤信　御花押
西方寺
(3)当寺領高拾五斛之事　旧規に依り任元禄九年正月廿六日、享保七年四月朔日先判之旨寄付候ニ付、永相違有るべからざるもの也
寛延二年十一月十八日　誠信
佐世保西方寺
右何れも包み紙有り、檀紙、但し安請様より下置かれ候御判物の表包みは奉書なり

現在名　東陽山西方寺
現住所　佐世保市八幡町五－十三
『田舎廻』には山号を放光山西方寺、洪徳寺末寺としているが、いまは東陽山である。長禄元年(一四五七)佐世保地頭「赤崎氏」の菩提寺として開基し場所を移さず現在に至っている。明治初期、廃仏毀釈にあい荒廃し

たが、その後鎮守府開設による人口の急増と、炭鉱主「藤原氏」の莫大な寄進を受け再興した。この時、佐世保川沿いにあった「放光山万徳寺」が明治三十六年六月の洪水によって流されていたため、残された檀家とともに放光山の山号を受け継いで西方寺に合併した、とされているが、寛政期の『田舎廻』にすでに放光山と記載されており、この伝承には疑問が残る。

『田舎廻』には本尊阿弥陀、過去帳、梵鐘、梁札二枚、平戸松浦「棟」「篤信」「誠信」の寺領安堵判物三枚を載せている。昭和二十年六月の空襲に逢いこれらすべてを焼失したが、この過去帳には赤崎伊予守の法要を毎月二十五日とし、横に「宝永四年、百年にあたる」と記入されている。逆算すると没年は慶長十二年(一六〇七)であり、赤崎伊予守とする墓石が、墓所の最奥に祀られている。

また、梵鐘銘が写されており、宝永七年(一七一〇)三月鋳造、東陽山西方禅寺と号している。現在の山号はこれに戻したものである。

戦後、仮殿をへて昭和四十年に鉄筋コンクリートで本堂を再建し、納骨堂、山門を構える山容を誇る。

西方寺内陣

⑫をり橋　阿弥陀堂

一本尊阿弥陀脇立観音、勢至何れも無銘
一唐金鰐口壱つ　鉄鰐口壱つ　並シ無銘
一梁札
(1)奉建立阿弥陀堂一宇事　松浦肥前守源鎮信公御武運長久
寛文九年巳酉三月二十三日
西光寺座頭　光明院行須　押字
大工　福田藤左衛門
小工　土井藤内
(2)奉再建立阿弥陀堂一宇　当家誠信公御武運長久
延享元甲子歳十二月吉祥日
西方現住八世鉄船賢和尚
当郡代　牧山弥六右衛門
代官　中尾弥兵衛
庄屋　鴨川林右衛門
大工　相神浦　牟田為右衛門
初頭　源之助
講頭　牟田安太夫
幾右衛門
上場、折橋講中

現在は、戦禍で焼失したのか、不明である。

⑬赤木ノ田代　釈迦堂

一本尊　釈迦坐像

一本尊彩色の札

⑴奉再興釈迦如来尊像　一体安置

□?安永七龍次戊戌歳上春二十七

　　放光山西方禅寺

⑵奉再光釈迦如来尊像

一梁札

⑴奉建立釈迦堂一宇

　宝暦十三未歳十二月十九日

　　佐世保山中村中

　　西方現石天叟

田代釈迦堂

赤木薬師堂

・赤木の田代は、赤木村の田代の意で、『田舎廻』は田代の釈迦座像の存在を記している。現在、田代バス停より東方約百メートルの所に、「田代公民館」があり、その東端が釈迦堂になっている。田代公民館の後方にあった釈迦堂が朽ちて、公民館に安置されたと推測される。

・赤木には釈迦堂はなく、薬師堂が安置され赤木公会堂に安置されている。祭礼日は八月十二日に行われている。

⑭山中　観音堂

一本尊観音　無銘

一梁札

①奉造営草堂一宇及再光本尊観世音菩薩

　信心施主

（裏）

松浦清公御武運長久

寛政十年戊午二月六日

　西方寺末寺亮山代也

　当村刎頭　豊助

　施主　吉福善助

　　加藤治助

現在居在地　桜木町八百七十番地

・名称　昔と変わらず、山中観音堂

・現在状況　観音菩薩の両脇に地蔵座像・仁王像

佐世保新四国第五十八番札

・国境　西端　大村領（戦国期）　四境のうち西端に位置する郡境、宗家

松浦氏と大村氏との勢力の境（のち、平戸松浦氏と大村氏）

・現況など　瓦屋根に赤い柱、その奥に新しいお堂がある。観音様の両脇に石仏座像二体、仁王様一体がきれいに整備されて祀ってある。境内や門までの入り口、階段の左に小さなお地蔵さん二十体が赤い帽子をかぶっておられ、それぞれに湯呑が置かれ、新しい水が供えられていた。仏壇の最上段から六地蔵が俯瞰。大村純伊が有馬に敗れ、佐々に潜んでいた時、その安否を伺おうと山中堂に一宿した家臣盛元が、非業の死を遂げたという「大村覚書」を思い出す。

山中観音堂

山中観音堂内陣

⑮山中　薬師堂

一本尊薬師　無銘

一梁札

(1)奉薬師尊像壱体彩色

寛政三辛亥二月十八日

佐世保山中村青林庵

西方禅寺十世月童叟謹記

(2)明和五戌年十月廿一日の梁札有り、然れども右の年号月日のみに

其の余の文字滅して不分明

一温石の五輪散在す、銘なし

現在は、不明である。

⑯境木　観音堂

一本尊立像観音壱体　座像薬師壱体　共に無銘

一鉄鰐口壱　享保の銘有り

一堂の脇に五輪の石塔有り、至って古物と見ゆ、無銘なり、何人の墓なるやと　里人に尋ねければ、何人の墓なる事を不知と云々

現在名称　眼鏡岩観音堂

現在住所　佐世保市瀬戸越町一二六三

・現況　四国第三札所、相浦谷五十三番札所と記されている。左隣に文殊菩薩を祀ったお堂があり、相浦谷八十八か所霊場、四国第七番札所と記されている。

・創建など　正治二年（一二〇〇）禅僧知阿がこの地で座禅の修行、境内に権現を祀り守り神として拝んだとい

境木観音堂

われている。

・『田舎廻』には、本尊は立像観音一体、座像薬師一体とあるが、現在ご本尊は十一面観音という。眼鏡岩の観音堂は相浦谷の霊場とされ平戸八景の一つとされている。

⑰横尾　薬師堂

一本尊座像　薬座二体、并に無銘

一本尊彩色の札

(1)奉再興南無薬師如来安座点眼為講中安楽

安永七龍舎戊歳初冬三十日

薬師大光寺

西方現住童雷換叟記

(2)奉再建立薬師堂一宇

宝暦十二壬子歳正月廿八日

横尾薬師堂

・横尾町公民館の南百メートルほどの所、細道が入れ込んでいる。

・現在名称も以前と同じ、横尾薬師堂

・本尊　本尊座像薬師二体、現在も同じ。

・きれいにお祀りされている。

・新四国四十七番霊場。

⑱横尾　阿弥陀堂

一本尊阿弥陀座像　無銘

一梁札

(1)奉再建堂一宇並阿弥陀尊像再興

于時天明六丙午春二月二十二鳥

西方禅寺末堂　十世雷換叟…童謹記

（裏）

肥前彼杵郡佐世保横尾邑講頭　佐々木民左衛門

⑲地蔵堂に隣接して阿弥陀堂がある。新四国五十札番所

横尾阿弥陀堂

⑲横尾　地蔵堂

一本尊立像地蔵　無銘

一本尊造立の札

(1)奉造立地蔵大菩薩壱尊国家安全

宝暦七丁丑歳五月朔日　佐世保横尾邑

点眼導師西方現住不説叟謹記

（裏）

肥前平戸領　延命寺

(2)奉彩色地蔵尊一体

天明八戊申星春正月二十八日

（裏）

松浦公御武運長久西方現住十世月童叟謹記

願主　吉田多嘉七

中里重之丞

一梁札

(1)上棟地蔵堂一宇再興

……銘文省略……

平戸領佐世保横尾村　享保二丁酉二月初吉日

前永平竹林二世　西方六世厳哲叟戒光比丘謹記

横尾地蔵堂

再興施主当村中

大工　壽福院等

- 名称等　現在　横尾町公民館より西北約二百メートルの位置にあり、佐世保新四国第四十九番札所
- 本尊　立像地蔵尊、現在石造地蔵尊(立像)二体
- 周辺に墓石が残されており、大きな古木におおわれている。

⑳ 中通り　徳蔵寺観音堂

一本尊観音、釈迦共に無銘

一唐金鰐口壱つ　無銘

一梁札

(1)奉造営十五番鎮護山徳蔵寺観世音堂一宇

安永九竜次庚子歳三月初五入仏日、松浦壱岐守成公御武運長久

徳蔵寺　遠藤但馬守菩提寺

徳蔵寺開山記念碑

西海道肥前彼杵郡佐世保郷中
西方現十世童雷換叟謹記

保立町の総合教育センター下、通学道路わきに「曹洞禅　徳蔵寺」その上に「遠藤但馬守菩提寺」が付け加えられて、案内板がでている。

・徳蔵寺開山記念碑に徳蔵寺の由来が述べられているが、刻字が見にくく、保立観音堂がどうして「遠藤但馬守の菩提寺」になり、それが佐世保村の西方寺末堂の徳蔵寺になったのか明らかでない。『田舎廻』の西方寺過去帳を見ると、赤崎伊予守は西方寺では毎月二十五日を法要日として開基扱いである。但馬守について触れた所はない。

伊予守の義父に当たる遠藤但馬守を、龍造寺と内通したとして平戸松浦隆信側に立ち誅殺する。この後、遠藤但馬守勢力下にあった佐世保村は赤崎伊予の勢力下になると思われる。確かに赤崎家は赤崎免を中心に勢力を持っていたものが、中通免へ進出している。「風呂の川」周辺に（清水町バス停上）に舘を持った可能性がある。しかし伊予守は世間体を憚って皆瀬の小河内に隠棲したといわれる。遠藤但馬守は生前の善政のせいか、あちこちに供養塔などが建てられ、信仰の対象ともなっている。

㉑中通り　薬師堂

一本尊薬師座像　無銘
一鉄鰐口弐つ　無銘
一梁札
(1)上棟奉再興薬師堂一宇　檀越施主家々
時寛政二庚戌天春二月彼岸日
彼杵郡平戸領中通村満徳寺
西方禅寺十世月童叟謹記

現在廃寺である。「田舎廻」には本尊薬師座像一体と鉄鰐口二つ、梁札一枚が記載され、この上棟梁札に寛政二年二月彼岸日、平戸領中通村万徳寺とある。この薬師堂が万徳寺であったことがわかる。

明治初期、佐世保川の西岸は教法寺を含む広い一帯を中通免と呼んでおり、『佐世保歴史散歩』（平成十七年発行）に明治後期、市街が整備されこの寺名から万徳寺町とされたと書かれている。

しかし明治二十五年、三十六年の市街図では中通免と書かれている。明治四十年、四十二年の市街図では「万徳町」となっていて、明治三十五年の市街図にのみ「万徳寺町」が見える。明治三十六年、洪水によって流失するまでのわずかな期間、万徳寺町と呼ばれたのかもしれない。『田舎廻』寛政期から二百年、明治三十七年に西方寺に合併されるまで、万徳寺が存続し、町名に残されている歴史は感慨深い。

㉒里　仙宗庵

一薬師座像壱体　観音立像壱体　無銘
一鉄鰐口壱　無銘
一梁札
(1)奉再建薬師堂一宇
宝暦十二未歳十二月吉日
佐世保村仙宗庵　講中
西方現住石天叟代
大工　林平

肝煎　永本喜之右衛門
　　　津右門

現在は、不明である。

㉓今福　地蔵堂

一本尊延命地蔵　無銘
一鉄鰐口壱つ　無銘
一梁札
　(1)奉再造立地蔵尊一宇

・現在の所在地　佐世保市今福町
今福郵便局東側の階段小道を
登って右手の崖の窪みにコンクリートの仏堂の祠があり、石仏像三体
が祀られている。

今福地蔵堂の石仏

・本尊　千手観音座像　石仏二体
　　弘法大師座像　石仏一体
佐世保新四国第三十八番札所とある。
・その昔、長崎奉行所への往来時にこの前を通り、元町に出て船で長崎に渡ったという。お巡りさんが参拝に来たそうである。仏堂脇には休めるベンチが設けられて、お詣りの信者が絶えなかった。
・右手上に真言宗の瑞光寺があったが、廃寺になり、平成七年ごろ寺院は解体され、今では住宅が建ちお寺の面影もない。

㉔赤崎　観音堂

一本尊観音坐像、膝下に銘有り、左之如し
時旦那源親　生年四十二
時仏師　永種三十六
住持比丘善慶書記　生年五十一
天文八年巳亥五月八日……持
……善慶
本尊千手
熊野本地

・現在の所在地　佐世保市赤崎町バス停隣　愛宕神社
・お堂　屋根型コンクリート造り
・本尊　石仏　千手観音座像　一体
　　　石仏　弘法大師座像　一体
・敷地内外に自然石碑　観音堂中興記念碑あり
　昭和三十五年八月の銘

赤崎神社の境内社

・お堂内の様子　堂内はコンクリート
祭壇
　上段は石台　　石仏
　下段　花筒　仏具など
地域の信者や住民による礼拝が多い。
生花がもられ、線香、ローソク、
お水があげられ、掃除用具などよく
整備されている。
・お堂には佐世保新四国霊場三十八番
札所あり。
・愛宕神社由来記塔の横に、佐世保
新四国三十七番札所
・神社の麓に戦国時代の五輪塔や宝篋印塔等の石塔が残った「屋敷谷」と呼ばれている所がある。滝川慶寛覚書によれば、
「赤崎伊予は佐世保の地侍であり、赤崎に屋敷がある。其の前の船着きを屋敷の前という」と記述されている。

愛宕神社下の地蔵尊

㉕ 庵ノ浦　観音堂

一日宇の松尾山の末堂にして、長福寺と号す
一本尊観音坐像壱体　無銘
一唐金鰐口　弐　無銘
一本尊再興供養の札
(1)奉再興開眼供養　観自在菩薩一尊容一軀
　……省略……
寛政七次卯天正月廿九鳥　青蓮密寺現住法印順盛

日宇松尾山末堂、長福寺あと

屋外の観音堂

願主庵浦氏子中敬白

(2)欠字多し　省略

・日宇村松尾山青蓮寺の末寺として建立され、寛政七年青蓮寺現住法印順盛の時開眼供養が行われている。

・現況　現在の所在地　庵浦町一三六一番地

　本堂　木造瓦葺　平屋　一宇

　本尊　彩色大聖観世音菩薩坐像　一宇

　閻魔掛図　二幅

　境内仏像　石仏　地蔵立像　三界万霊塔

　文政四年二月

　石手水　大正九年十月奉納

・閻魔掛図　保管の近所の大谷さん、毎年正月十六日・お盆十六日に堂内に掲げて公開、参拝される。

・お堂の管理は地区公民館と町内婦人部、信心深い住民による。定期的に屋内外の清掃や生け花 が行われ整頓されている。

㉖名切　観音堂

一本尊観音坐像　銘有り、然れども右、志、現の三字漸く見へてその余は字滅して不分明

一鉄鰐口　無銘

一梁札

㊍再建観音堂一宇　松浦清公御武運長久

干□《？》天明四甲辰春　閏正月十有六日

西方禅月童叟十世　村内講中

一本尊再興光の札

(1)奉再興観世音尊像

寛政十一年巳未初夏廿九日

佐世保西方寺末堂　名切村講中

現在、市民会館や花園中学校、交通公園などのある所は、かつての名切谷である。平戸藩主松浦静山公が書かれた『甲子夜話』という随筆集に、次のような面白い話が書いてある。

「著聞集に鬼にコブを取られたるということ見ゆ。これは寓言かと思うに、予が領内に正しくかく事あり」『肥前国彼杵郡佐世保村という所に弥八という農夫あり。左の腕にコブあり。大きさ橘の実の如し。又、名切谷という所に小堂あり、観音像を置く…』という書出しで、弥八がこのお堂に夕涼みにきてうたた寝しているとき、観音様が「われ汝の患いを消してやらん」といってコブを取ってくださったという話を書き、「この霊験あること不可思議なり」と結んでいる。

静山公が、名切谷の観音堂であったというこのコブ取りの話しを、どこで誰から聞かれたかは明らかでない。だが、古老の話によると、問題の観音堂と思われるお堂は、戦前まで今の花園中学校のあるあたりにあったという。軍港になる前の名切谷は文字どおりの狭い山あいの地で、数えるくらいの人家しかない寂しい所だったと『させぼ

名切観音堂があったと思われる交通公園附近

歴史散歩』に書かれている。名切谷一帯は前の大戦で焼失し、戦後は米軍に収用され、米軍専用住宅地になり、昭和四十四年に日本側に返還されて、市民憩いの中央公園になった。現在名切の地に観音堂を見つけることはできない。

㉗小佐世保　正法寺の観音堂

一本尊観音坐像　光背に銘有り
(1)奉造立大慈菩薩
大永八年戊子三月吉日
住持律師浄尊
作者大彼杵村妙音住山　蓮派　有池

入口に砲弾記念碑

小佐世保正法寺観音堂内

東小佐世保公民館上に桜植樹の記念の砲弾がある観音堂がある。佐世保新四国八十八ヶ所めぐりの第七十八番札所で、観音像の他に弘法大師や不動明王の石像が安置されている。また近くに「観音様の井戸」と呼ばれている湧き水の井戸があり、そのそばには「奉寄進　天保三年」と微かに読みとれる石柱がたっている。昔から人々の暮らしが営まれていたことがわかる。砲弾の正面には「記念摂政宮殿下御成婚桜樹烏帽子岳植付　大正十三年一月二十六日」と彫り込まれている。

㉘岩屋妙見の麓　阿弥陀堂

一本尊阿弥陀　無銘
一唐金鰐口　無銘
一堂地に温石の五輪有り　無銘也

現在は戦禍で焼失したのか、不明である。

松浦党研究　第四十一号

平成三十年五月二十五日　印刷
平成三十年六月　　二日　発行

編集兼発行者　松浦党研究連合会
佐賀県伊万里市松島町七三番地
（伊万里市生涯学習センター内）
電話　〇九五五（二二）二二六一

発売元　芸　文　堂
佐世保市山祇町一九－一三
電話　〇九五六（三一）三一五九

印刷所　エスケイ・アイ・コーポレーション

（定価　二、五九三円＋税）